# Fehler bei der Altersvorsorgeplanung und wie man sie vermeidet

# Inhaltsverzeichnis

Einführung .................................................................. 1
Aufschieben der Ruhestandsplanung ............................... 3
Unterschätzung der Aufwendungen im Ruhestand ............ 7
Fehlende Diversifizierung der Investitionen .................... 12
Die Inflation ignorieren ................................................ 16
Übermäßige Abhängigkeit von der Sozialversicherung ..... 20
Keine Planung für Gesundheitskosten ............................ 25
Vernachlässigung steuerlicher Auswirkungen .................. 29
Zu wenig für den Ruhestand sparen .............................. 34
Pensionspläne nicht regelmäßig überprüfen ................... 38
Ersparnisse zu früh abheben ......................................... 42
Kein Notfallfonds vorhanden ........................................ 45
Vernachlässigung der Berücksichtigung der Langlebigkeit ... 48
Falsche Berechnung des Renteneintrittsalters ................. 52
Pensionspläne des Arbeitgebers übersehen ..................... 56
Keine professionelle Finanzberatung einholen ................ 60
Versäumnis, die Schulden vor dem Ruhestand zu bewältigen ... 64
Die Auszahlungsoptionen für die Rente nicht verstehen .... 67
Falsche Zuteilung von Investitionen im Ruhestand ......... 70
Vernachlässigung der Planung von Ehegatten- und Hinterbliebenenleistungen ............................................ 74
Falsche Einschätzung der Bedeutung der Nachlassplanung ... 77
Unterschätzung der Auswirkungen der Wohnkosten ....... 81
Veränderungen im Lebensstil im Ruhestand ignorieren ... 85
Fehlende Planung der erforderlichen Mindestausschüttungen .... 89
Keine klaren Ruhestandsziele festlegen .......................... 92
Den Wert kontinuierlichen Lernens übersehen ............... 96
Zu starkes Vertrauen in die Vererbung .......................... 100
Missverständnisse über die Rolle von Annuitäten ........... 103
Keine Anpassung an die Marktvolatilität ....................... 106

Teilzeitarbeit oder alternative Einkommensquellen nicht in Betracht ziehen ................................................................................... 109
Keine Kommunikation Ihrer Ruhestandspläne ........................... 112
Abschluss ................................................................................... 115

# Urheberrechtshinweis

Alle Rechte vorbehalten. Kein Teil dieses Buches darf ohne vorherige schriftliche Genehmigung des Herausgebers in irgendeiner Form oder mit irgendwelchen Mitteln, einschließlich Fotokopieren, Aufzeichnen oder anderen elektronischen oder mechanischen Methoden, reproduziert, verbreitet oder übertragen werden, es sei denn, dies ist durch das Urheberrecht gestattet.

# Einführung

Der Ruhestand ist ein wichtiger Meilenstein im Leben und wird oft als Belohnung für Jahrzehnte harter Arbeit angesehen. Allerdings ist es auch eine Lebensphase, die sorgfältige Planung, Weitsicht und Disziplin erfordert. Leider gehen viele Menschen unvorbereitet in den Ruhestand, entweder weil sie bei der Planung entscheidende Fehler machen oder weil sie die Herausforderungen, die sie im Ruhestand erwarten, nicht vorhersehen. Dieses Buch soll Ihnen helfen, diese häufigen Fallstricke zu vermeiden.

Egal, ob Sie gerade erst anfangen, über den Ruhestand nachzudenken, oder ob es nur noch ein paar Jahre bis dahin sind: Die Entscheidungen, die Sie heute treffen, werden nachhaltige Auswirkungen auf Ihre finanzielle Sicherheit und Lebensqualität haben. Von der Unterschätzung der Lebenshaltungskosten im Ruhestand bis hin zur übermäßigen Abhängigkeit von der Sozialversicherung können selbst kleine Fehltritte später erhebliche Auswirkungen haben. Das Ziel dieses Buches ist es, diese potenziellen Fehler zu identifizieren, Ihnen zu helfen, die damit verbundenen Risiken zu verstehen und praktische Ratschläge zu geben, wie Sie sie vermeiden können.

Jedes Kapitel befasst sich mit einem bestimmten Fehler, den viele Rentner machen. Es bietet nicht nur eine Erklärung des Problems, sondern auch praktische Schritte, die Sie unternehmen können, um sicherzustellen, dass Sie nicht in die gleichen Fallen tappen. Sie erfahren, wie wichtig es ist, früh anzufangen, Investitionen zu diversifizieren, die Gesundheitsversorgung zu planen und vieles mehr.

Bei der Altersvorsorge geht es nicht nur darum, Geld zu sparen – es geht darum, eine Strategie zu entwickeln, die es Ihnen ermöglicht, das Leben zu genießen, für das Sie so hart gearbeitet haben. Mit der richtigen Vorbereitung und dem richtigen Wissen können Sie häufige

Fehler vermeiden und mit Zuversicht, Sicherheit und Seelenfrieden in den Ruhestand gehen.

Egal, ob Sie ein erfahrener Anleger sind, gerade erst mit dem Sparen beginnen oder irgendwo dazwischen liegen, dieses Buch ist für Sie. Lassen Sie uns diese Reise gemeinsam antreten und dafür sorgen, dass Ihr Ruhestand genau so wird, wie Sie es sich erträumen.

# Aufschieben der Ruhestandsplanung

Der Ruhestand scheint ein fernes Ziel zu sein, insbesondere wenn Sie sich im besten Berufsleben befinden. Die Ruhestandsplanung aufzuschieben ist jedoch einer der größten finanziellen Fehler, die man machen kann. Es ist zwar verlockend, dies aufzuschieben, bis Sie älter oder finanziell abgesichert sind, aber jedes Jahr des Aufschiebens verkürzt die Zeit, die Ihre Ersparnisse zum Wachsen haben, und verursacht später im Leben unnötigen Stress. Je früher Sie beginnen, desto mehr Zeit haben Sie, damit Ihre Investitionen reifen können, und Sie haben die besten Chancen auf einen komfortablen und finanziell abgesicherten Ruhestand.

Der Kern des Problems beim Aufschieben der Altersvorsorge ist der Verlust von Zeit – eine wertvolle Ressource bei der Finanzplanung. Wenn Sie zögern, entgeht Ihnen die Macht des Zinseszinseffekts. Zinseszinsen sind die Zinsen, die Sie nicht nur auf den ursprünglich angelegten Betrag erhalten, sondern auch auf die Zinsen, die sich im Laufe der Zeit ansammeln. Je länger Ihr Geld wachsen kann, desto größer werden Ihre Ersparnisse. Jemand, der beispielsweise mit 25 Jahren anfängt, für die Altersvorsorge zu sparen und jeden Monat einen bescheidenen Betrag beiseite legt, wird wahrscheinlich weitaus mehr Vermögen anhäufen als jemand, der mit 40 beginnt und größere Beträge beisteuert. Dies liegt daran, dass Zeit und nicht nur Geld ein entscheidender Faktor beim Vermögensaufbau ist.

Eine weitere Folge des Aufschiebens der Altersvorsorge ist der zunehmende Druck, mehr zu sparen, wenn der Ruhestand näher rückt. Wenn Sie jung sind, können Sie es sich leisten, einen kleineren Teil Ihres Einkommens für den Ruhestand zurückzulegen, da Sie noch Jahrzehnte Zeit haben, um dieses Geld zu vermehren. Je näher Sie jedoch dem Rentenalter kommen, ohne einen soliden Plan zu haben, desto mehr müssen Sie jedes Jahr sparen, um aufzuholen. Dies erhöht nicht nur den finanziellen Stress, sondern kann auch Ihre Fähigkeit einschränken, Ihr Einkommen in Ihren besten Erwerbsjahren zu genießen, da Sie einen größeren Teil für die Altersvorsorge zurücklegen müssen.

Viele Menschen schieben die Altersvorsorge auf, weil sie glauben, sie hätten andere, unmittelbarere finanzielle Prioritäten, wie etwa den Kauf eines Eigenheims, die Rückzahlung von Studienkrediten oder das Sparen für die Ausbildung ihrer Kinder. Obwohl dies alles berechtigte Bedenken sind, ist es riskant, die Altersvorsorge zugunsten kurzfristiger Ziele zu vernachlässigen. Finanzplaner betonen oft, wie wichtig es ist, aktuelle finanzielle Bedürfnisse mit langfristigen Zielen in Einklang zu bringen. Der Schlüssel liegt darin, wenn nötig klein anzufangen, aber trotzdem anzufangen. Selbst kleine Beiträge, die über einen längeren Zeitraum regelmäßig geleistet werden, können zu einem beträchtlichen Altersvorsorgefonds heranwachsen.

Ein weit verbreitetes Missverständnis, das zum Aufschieben führt, ist die Annahme, dass die Altersvorsorge etwas ist, worüber sich nur ältere Menschen Gedanken machen müssen. Das könnte nicht weiter von der Wahrheit entfernt sein. Tatsächlich ist der Prozess umso weniger überwältigend, je früher Sie beginnen. Wer in seinen Zwanzigern oder Dreißigern beginnt, kann seine Altersvorsorge über mehrere Jahrzehnte hinweg schrittweise aufbauen, oft mit relativ bescheidenen Beiträgen. Andererseits müssen Personen, die bis in ihre Vierziger oder Fünfziger warten, sich abmühen, um die verlorene Zeit wieder aufzuholen, was finanziell entmutigend und stressig sein kann.

Darüber hinaus rührt das Aufschieben der Ruhestandsplanung oft daher, dass man nicht weiß, wie viel Geld man tatsächlich braucht, um im Ruhestand bequem leben zu können. Viele Menschen unterschätzen die mit dem Ruhestand verbundenen Kosten drastisch und glauben, dass ihre Ausgaben deutlich sinken werden, wenn sie aufhören zu arbeiten. Während es stimmt, dass einige Kosten, wie Pendeln oder arbeitsbezogene Ausgaben, sinken werden, neigen andere, wie Gesundheitskosten, dazu, mit zunehmendem Alter deutlich anzusteigen. Ohne sorgfältige Planung kann es für Rentner schwierig werden, diese Kosten zu decken, selbst wenn sie große Ausgaben wie eine Hypothek abbezahlt haben.

Ein weiterer Faktor, der bei der Altersvorsorge oft übersehen wird, ist die Lebenserwartung. Dank der Fortschritte im Gesundheitswesen und der Verbesserung des Lebensstils leben die Menschen heute länger als je zuvor. Das bedeutet, dass Ihre Altersvorsorge 20, 30 oder sogar 40 Jahre reichen muss. Wenn Sie die Altersvorsorge hinauszögern, besteht die Gefahr, dass Sie Ihr Erspartes nicht mehr haben, was zu finanzieller Unsicherheit und einer verminderten Lebensqualität in Ihren späteren Jahren führen kann. Wer dagegen früh mit der Planung beginnt, kann die Möglichkeit eines langen Ruhestands besser berücksichtigen und seine Sparstrategien entsprechend anpassen.

Ein Grund, warum viele Menschen ihre Altersvorsorge hinauszögern, ist der falsche Glaube, dass die Sozialversicherung im Ruhestand ausreichen wird. Die Sozialversicherung kann zwar eine wertvolle Ergänzung zu Ihrem Einkommen sein, aber sie allein reicht wahrscheinlich nicht aus, insbesondere wenn Sie Ihren aktuellen Lebensstil beibehalten möchten. Die durchschnittliche Sozialversicherungsleistung beträgt in der Regel nur einen Bruchteil dessen, was die meisten Menschen zur Deckung ihrer Lebenshaltungskosten im Ruhestand benötigen. Wenn Rentner sich ausschließlich auf die Sozialversicherung verlassen, ohne andere Ersparnisse oder Einkommensquellen zu haben, können sie in finanzielle Engpässe geraten.

Auch die psychologischen Hürden bei der Altersvorsorge können beträchtlich sein. Viele Menschen vermeiden es, über die Altersvorsorge nachzudenken, weil sie sich davon überfordert fühlen oder weil sie nicht wissen, wo sie anfangen sollen. Die Komplexität der Anlageoptionen, die Unsicherheiten der Marktentwicklung und die schiere Geldmenge, die notwendig erscheint, können dazu führen, dass Menschen die Planung aufschieben. Mit der richtigen

Herangehensweise können diese Herausforderungen jedoch bewältigt werden. Wenn Sie den Planungsprozess in kleinere, überschaubare Schritte aufteilen, ist er leichter zu bewältigen. Wenn Sie mit grundlegenden Schritten beginnen – wie z. B. Beiträge zu einem 401(k)- oder IRA-Plan einzahlen, automatische Beiträge einrichten und sich über Anlageoptionen informieren –, kann dies Schwung verleihen und zu mehr Vertrauen in Ihre finanzielle Zukunft führen.

Für diejenigen, die sich von der Komplexität der Altersvorsorgeplanung überfordert fühlen, kann die Hilfe eines Finanzplaners ein hervorragender Schritt nach vorne sein. Ein Fachmann kann Ihnen helfen, Ihre aktuelle finanzielle Situation einzuschätzen, realistische Ziele zu setzen und einen auf Ihre Bedürfnisse zugeschnittenen Plan zu entwickeln. Die Zusammenarbeit mit einem Berater kann Ihnen auch dabei helfen, Verantwortung zu übernehmen und motiviert zu bleiben, um Ihre Altersvorsorgeplanung auf Kurs zu halten.

Zusammenfassend lässt sich sagen, dass das Aufschieben der Altersvorsorge ein kostspieliger Fehler ist, der dauerhafte Folgen haben kann. Durch das Aufschieben entgehen Sie dem Zinseszinseffekt, erhöhen Ihre zukünftige finanzielle Belastung und schränken Ihre Fähigkeit ein, Ihr Einkommen in der Gegenwart zu genießen. Um diese Fallstricke zu vermeiden, ist es wichtig, früh zu beginnen, auch mit kleinen Beiträgen, und im Laufe der Zeit an Ihrem Plan festzuhalten. Die Altersvorsorge muss nicht überwältigend sein, und mit der richtigen Strategie können Sie einen finanziell sicheren und erfüllenden Ruhestand sicherstellen.

# Unterschätzung der Aufwendungen im Ruhestand

Einer der häufigsten und möglicherweise verheerendsten Fehler, den Menschen bei der Planung ihres Ruhestands machen, ist die Unterschätzung ihrer Ruhestandskosten. Viele Menschen gehen davon aus, dass ihre Lebenshaltungskosten erheblich sinken werden, wenn sie aufhören zu arbeiten, was dazu führt, dass sie überschätzen, wie weit ihre Ersparnisse reichen werden. Die Realität sieht jedoch oft ganz anders aus. Während einige Ausgaben, wie Pendeln oder arbeitsbezogene Kosten, wegfallen können, können andere Ausgaben steigen oder konstant bleiben, sodass viele Rentner nicht darauf vorbereitet sind, ihren gewünschten Lebensstil beizubehalten. Die wahren Kosten des Ruhestands zu kennen, ist entscheidend, um finanzielle Sicherheit zu gewährleisten und unangenehme Überraschungen im späteren Leben zu vermeiden.

Einer der Hauptgründe, warum Menschen die Ausgaben im Ruhestand unterschätzen, ist, dass sie Veränderungen im Lebensstil nicht berücksichtigen. Der Ruhestand wird oft als eine Zeit der Entspannung und des Vergnügens betrachtet, in der mehr Zeit für Hobbys, Reisen und andere Aktivitäten bleibt, die während der Berufsjahre möglicherweise auf Eis gelegt wurden. Diese Aktivitäten haben jedoch oft ihren Preis. Ob häufiges Reisen, Restaurantbesuche oder teure Hobbys wie Golfen oder Bootfahren – die Kosten können sich schnell summieren. Ohne sorgfältige Planung stellen Rentner möglicherweise fest, dass ihre Ersparnisse nicht ausreichen, um ihren gewünschten Lebensstil zu finanzieren, und sind gezwungen, genau die Aktivitäten einzuschränken, auf die sie sich im Ruhestand gefreut haben.

Ein weiterer Bereich, in dem sich viele Rentner verkalkulieren, ist die Gesundheitsversorgung. Auch wenn Sie zu Beginn Ihres

Ruhestands relativ gesund sind, sollten Sie damit rechnen, dass die Gesundheitskosten mit zunehmendem Alter wahrscheinlich steigen werden. Die medizinischen Ausgaben sind eine der am schnellsten wachsenden Kosten für Rentner und steigen oft mit dem Alter, da sie häufiger Arztbesuche, verschreibungspflichtige Medikamente und möglicherweise Langzeitpflege benötigen. Laut verschiedenen Studien muss ein durchschnittliches Paar, das heute in Rente geht, damit rechnen, während seines Ruhestands Hunderttausende von Dollar für die Gesundheitsversorgung auszugeben. Zu diesen Kosten gehören Medicare-Prämien, Eigenbeteiligungen, Zahnpflege und Hörgeräte, die alle nicht vollständig von Medicare abgedeckt werden.

Insbesondere die Langzeitpflege ist eine erhebliche Ausgabe, auf die sich viele Menschen nicht ausreichend vorbereiten. Nach Angaben des US-Gesundheitsministeriums werden fast 70 % der über 65-Jährigen im Laufe ihres Lebens irgendeine Form von Langzeitpflege benötigen. Ob häusliche Pflege, betreutes Wohnen oder Pflegeheim – Langzeitpflege kann die Altersvorsorge schnell aufzehren, wenn sie nicht im Voraus geplant wird. Viele Menschen glauben fälschlicherweise, dass Medicare diese Kosten übernimmt, aber Medicare deckt Langzeitpflegeleistungen im Allgemeinen nicht ab, sodass Rentner auf Medicaid, private Ersparnisse oder eine Langzeitpflegeversicherung angewiesen sind, um die Lücke zu schließen. Die potenziellen Kosten der Langzeitpflege zu ignorieren, ist ein gefährliches Versäumnis, das selbst die besten Altersvorsorgepläne zunichte machen kann.

Die Inflation ist ein weiterer wichtiger Faktor, den viele Rentner übersehen. Auch wenn die Inflationsraten manchmal niedrig erscheinen, kann selbst eine moderate Inflationsrate die Kaufkraft im Laufe eines 20- oder 30-jährigen Ruhestands erheblich beeinträchtigen. Wenn die Inflation beispielsweise durchschnittlich nur 2 % pro Jahr beträgt, steigen die Lebenshaltungskosten innerhalb von 20 Jahren um etwa 50 %. Das bedeutet, dass Rentner, die die

Inflation nicht berücksichtigen, feststellen können, dass ihre Ersparnisse, die zu Beginn des Ruhestands ausreichend erschienen, in späteren Jahren ihre Lebenshaltungskosten nicht mehr decken. Wenn die Inflation nicht berücksichtigt wird, kann dies zu finanziellen Engpässen führen und Rentner dazu zwingen, entweder ihren Lebensstandard zu reduzieren oder zu einem Zeitpunkt wieder zu arbeiten, zu dem sie dies möglicherweise nicht mehr wollen oder können.

Ein weiterer Kostenfaktor, der oft unterschätzt wird, ist die Wohnung. Viele Menschen gehen davon aus, dass die Wohnungskosten kein Problem mehr darstellen, sobald sie ihre Hypothek abbezahlt haben. Doch selbst wenn Sie Ihr Eigenheim vollständig besitzen, müssen Sie laufende Kosten berücksichtigen, wie Grundsteuern, Gebäudeversicherung, Nebenkosten, Instandhaltung und mögliche Umbauten im Alter. Mit zunehmendem Alter können teure Reparaturen erforderlich sein, wie z. B. ein neues Dach, modernisierte Rohrleitungen oder sogar barrierefreie Verbesserungen, um Mobilitätsproblemen gerecht zu werden. Wenn diese laufenden Wohnungskosten nicht berücksichtigt werden, kann dies zu Budgetdefiziten führen, insbesondere wenn im Ruhestand größere Reparaturen oder Modernisierungen erforderlich sind.

Neben diesen offensichtlichen Ausgaben übersehen Rentner oft kleinere, alltägliche Kosten, die sich im Laufe der Zeit summieren können. Dinge wie Lebensmittel, Transport, Unterhaltung, Geschenke und wohltätige Spenden mögen wie kleine Ausgaben erscheinen, aber im Laufe von 20 oder 30 Jahren können sie Ihre Altersvorsorge erheblich beeinflussen. Es ist wichtig, Ihre aktuellen Ausgabegewohnheiten zu verfolgen und abzuschätzen, wie sie sich im Ruhestand ändern könnten. Einige Ausgaben könnten sinken, aber andere, wie Ausgaben für Hobbys oder Essengehen, könnten steigen. Wenn Sie Ihre täglichen Ausgaben realistisch einschätzen, können Sie sicherstellen, dass Sie nicht mehr ausgeben, als Sie gespart haben.

Ein weiterer schwerwiegender Fehler bei der Schätzung der Ausgaben im Ruhestand ist die Nichtberücksichtigung unerwarteter Lebensereignisse. Ob es sich nun um ein schwerwiegendes Gesundheitsproblem, einen Marktabschwung oder einen familiären Notfall handelt, unerwartete Kosten können Ihre Ruhestandsplanung schnell durcheinanderbringen. Viele Rentner gehen davon aus, dass ihre Ersparnisse und die Sozialversicherung ausreichen werden, um ihre Grundbedürfnisse zu decken, aber sie planen nicht für das Unerwartete. Ohne ein finanzielles Polster oder einen Notfallfonds kann es passieren, dass Rentner ihre Altersvorsorge vorzeitig angreifen oder Schulden machen, was ihre Mittel schneller aufbrauchen kann als erwartet.

Um die Ausgaben im Ruhestand nicht zu unterschätzen, ist es wichtig, einen umfassenden und realistischen Ruhestandsplan zu erstellen. Beginnen Sie mit der Analyse Ihrer aktuellen Ausgaben und berücksichtigen Sie dann alle erwarteten Änderungen im Ruhestand. Berücksichtigen Sie sowohl Fixkosten wie Wohnen und Nebenkosten als auch variable Kosten wie Reisen und Gesundheitsversorgung. Berücksichtigen Sie Inflation, steigende Gesundheitskosten und potenziellen Pflegebedarf. Indem Sie proaktiv vorgehen und eine breite Palette von Ausgaben planen, können Sie sicherstellen, dass Ihre Altersvorsorge ein Leben lang reicht.

Es ist auch eine gute Idee, Ihr Budget regelmäßig zu überprüfen und anzupassen, wenn Sie sich dem Ruhestand nähern und während Ihrer Ruhestandsjahre. Die Lebensumstände ändern sich und damit auch die Ausgaben. Indem Sie Ihren Ruhestandsplan und Ihr Budget regelmäßig überprüfen, können Sie bei Bedarf Anpassungen vornehmen, um sicherzustellen, dass Sie auf Kurs bleiben. Ob Sie nun die diskretionären Ausgaben kürzen, Ihre Anlagestrategie anpassen oder Wege finden, zusätzliches Einkommen zu generieren – wenn Sie flexibel und proaktiv bleiben, können Sie die finanziellen Herausforderungen des Ruhestands meistern.

Zusammenfassend lässt sich sagen, dass die Unterschätzung der Ausgaben im Ruhestand ein Fehler ist, der schwerwiegende Folgen haben kann. Der Ruhestand ist eine Zeit, in der Sie sich entspannen und die Früchte Ihrer Arbeit genießen können sollten, aber wenn Sie Ihre Ausgaben nicht genau einschätzen, kann dies zu finanziellem Stress und Unsicherheit führen. Wenn Sie die wahren Kosten des Ruhestands verstehen – einschließlich Änderungen des Lebensstils, Gesundheitsversorgung, Inflation, Wohnen und unerwarteter Ereignisse – können Sie einen genaueren und realistischeren Plan für die Zukunft erstellen. Mit sorgfältiger Planung können Sie diese häufige Falle vermeiden und einen finanziell sicheren und erfüllten Ruhestand genießen.

# Fehlende Diversifizierung der Investitionen

Einer der wichtigsten, aber oft übersehenen Aspekte der Altersvorsorge ist die Diversifizierung der Investitionen. Bei der Diversifizierung werden Ihre Investitionen auf verschiedene Anlageklassen – wie Aktien, Anleihen, Immobilien und Barmitteläquivalente – verteilt, um das Risiko zu verringern und das Renditepotenzial zu verbessern. Wenn Sie nicht diversifizieren, können Sie erheblichen finanziellen Risiken ausgesetzt sein und möglicherweise Ihre Altersvorsorge gefährden.

Der Hauptvorteil der Diversifizierung besteht darin, dass sie zur Risikokontrolle beiträgt. Verschiedene Anlagearten reagieren unterschiedlich auf Marktbedingungen. Beispielsweise entwickeln sich Aktien und Anleihen unter denselben wirtschaftlichen Bedingungen oft unterschiedlich. Aktien können in einer boomenden Wirtschaft hohe Renditen erzielen, in Abschwungphasen jedoch volatil sein. Umgekehrt sind Anleihen im Allgemeinen stabiler, bieten aber möglicherweise niedrigere Renditen. Indem Sie einen Mix aus Anlagearten halten, können Sie die Wahrscheinlichkeit verringern, dass eine schlechte Performance in einem Bereich Ihr Gesamtportfolio stark beeinträchtigt.

Ein häufiger Fehler, den viele Anleger machen, ist die Konzentration ihrer Investitionen auf eine einzige Anlageklasse oder eine kleine Anzahl einzelner Aktien. Manche Menschen investieren beispielsweise massiv in die Aktien ihres Arbeitgebers oder in eine einzelne Branche, von der sie glauben, dass sie sich gut entwickeln wird. Dieser Ansatz kann zwar manchmal hohe Renditen erzielen, birgt aber auch erhebliche Risiken. Wenn das Unternehmen oder der Sektor einen Abschwung erlebt, kann dies schwerwiegende Auswirkungen auf Ihr Portfolio haben und möglicherweise Ihre finanzielle Stabilität im Ruhestand gefährden.

Eine weitere Gefahr, die sich aus mangelnder Diversifizierung ergibt, ist das übermäßige Vertrauen auf eine einzige Anlagestrategie. Manche Anleger bevorzugen beispielsweise Wachstumsaktien, weil sie glauben, dass diese die höchsten Renditen bringen. Wachstumsaktien können zwar tatsächlich erhebliche Renditen bieten, sie können jedoch auch sehr volatil sein. Ein gut diversifiziertes Portfolio umfasst einen Mix aus Anlagetypen wie Wachstumsaktien, dividendenzahlende Aktien, Anleihen und alternative Anlagen, was dabei hilft, potenzielle Renditen mit Risiken in Einklang zu bringen.

Immobilien sind ein weiterer wichtiger Bereich, der bei der Diversifizierung berücksichtigt werden muss. Während sich viele Anleger ausschließlich auf Aktien und Anleihen konzentrieren, können Immobilien zusätzliche Einkommensströme und potenzielle Steuervorteile bieten. Investitionen in Immobilien oder Real Estate Investment Trusts (REITs) können im Vergleich zu herkömmlichen Anlagen ein anderes Risiko-Rendite-Profil bieten. Wenn Sie jedoch stark in Immobilien investieren, ohne andere Anlageklassen in Betracht zu ziehen, können Sie branchenspezifischen Risiken ausgesetzt sein, wie etwa Schwankungen der Immobilienwerte oder der Mieteinnahmen.

Diversifikation beinhaltet auch geografische Diversifikation. Wenn Sie ausschließlich in inländische Vermögenswerte investieren, sind Sie den wirtschaftlichen Bedingungen eines Landes ausgesetzt. Globale Diversifikation verteilt das Risiko auf verschiedene Volkswirtschaften und Märkte, was besonders wertvoll sein kann, wenn Ihr Heimatland einen wirtschaftlichen Abschwung erlebt. Internationale Investitionen, einschließlich Schwellenmärkte, können zusätzliche Wachstumschancen bieten und dazu beitragen, das mit Investitionen in nur eine Region verbundene Risiko zu mindern.

Ein verwandtes Konzept ist die Vermögensallokation, bei der Ihre Investitionen auf der Grundlage Ihrer Risikobereitschaft, Ihrer Anlageziele und Ihres Anlagehorizonts auf verschiedene Anlageklassen verteilt werden. Eine ordnungsgemäße Vermögensallokation stellt sicher, dass Ihr Portfolio Ihren finanziellen Zielen entspricht und Marktschwankungen standhalten kann. Wenn Sie sich dem Ruhestand nähern, ist es entscheidend, Ihre Vermögensallokation anzupassen, um das Risiko zu verringern und gleichzeitig auf Wachstum abzuzielen. Sie könnten beispielsweise schrittweise von einer höheren Aktienallokation zu einer höheren Allokation in Anleihen und anderen weniger volatilen Vermögenswerten wechseln.

Ein weiterer wichtiger Aspekt der Diversifizierung ist die regelmäßige Neugewichtung Ihres Portfolios. Im Laufe der Zeit werden verschiedene Investitionen unterschiedlich schnell wachsen, was dazu führen kann, dass Ihr Portfolio von seiner ursprünglichen Vermögensaufteilung abweicht. Wenn sich Aktien beispielsweise außergewöhnlich gut entwickeln, könnten sie Ihr Portfolio dominieren und Ihr Aktienmarktrisiko erhöhen. Bei der Neugewichtung werden Ihre Investitionen angepasst, um zu Ihrer gewünschten Aufteilung zurückzukehren und sicherzustellen, dass Ihr Risikoniveau mit Ihren Ruhestandszielen im Einklang bleibt.

Wenn Sie nicht diversifizieren, entgehen Ihnen auch die potenziellen Vorteile verschiedener Anlagearten. Während Aktien beispielsweise Wachstumspotenzial bieten, bieten Anleihen ein stabiles Einkommen und Stabilität. Durch Diversifizierung können Sie die Vorteile jeder Anlageklasse nutzen und gleichzeitig ihre individuellen Risiken mindern. Darüber hinaus kann eine Diversifizierung innerhalb von Anlageklassen, beispielsweise durch den Besitz einer Vielzahl von Aktien aus verschiedenen Branchen und Sektoren, das Risikomanagement weiter verbessern.

Die Folgen einer mangelnden Diversifizierung können schwerwiegend sein. In Zeiten der Marktvolatilität kann ein nicht diversifiziertes Portfolio größere Verluste erleiden als ein gut diversifiziertes. Dies kann insbesondere dann problematisch sein, wenn Sie kurz vor dem Ruhestand stehen und keine Zeit haben, sich von erheblichen Verlusten zu erholen. Indem Sie Ihre Investitionen auf verschiedene Anlageklassen und Sektoren verteilen, können Sie Marktschwankungen besser überstehen und die Wahrscheinlichkeit verringern, dass erhebliche Verluste Ihre Ruhestandspläne beeinträchtigen.

Um die Fallstricke einer unzureichenden Diversifizierung zu vermeiden, sollten Sie einen Finanzberater konsultieren, der Ihnen bei der Entwicklung einer diversifizierten Anlagestrategie helfen kann, die auf Ihre spezifischen Bedürfnisse und Ziele zugeschnitten ist. Ein Berater kann Ihr aktuelles Portfolio bewerten, Anpassungen empfehlen und Ihnen helfen, Ihren Anlageplan einzuhalten. Darüber hinaus kann er Sie bei der Vermögensallokation, dem Risikomanagement und Neugewichtungsstrategien beraten.

Zusammenfassend lässt sich sagen, dass die mangelnde Diversifizierung von Anlagen ein häufiger und potenziell kostspieliger Fehler bei der Altersvorsorge ist. Diversifizierung hilft dabei, Risiken zu managen, potenzielle Erträge zu verbessern und die finanzielle Stabilität zu erhöhen. Indem Sie Ihre Anlagen auf verschiedene Anlageklassen, Sektoren und geografische Regionen verteilen, können Sie ein widerstandsfähigeres Portfolio aufbauen, das Marktschwankungen besser standhält und Ihre langfristigen Altersvorsorgeziele unterstützt. Eine regelmäßige Überprüfung und Anpassung Ihrer Anlagestrategie sowie die Einholung professioneller Beratung können außerdem sicherstellen, dass Ihre Altersvorsorge auf Kurs bleibt und ausreichend geschützt ist.

# Die Inflation ignorieren

Eine der größten Herausforderungen bei der Altersvorsorge ist die Berücksichtigung der Inflation. Inflation bezeichnet den allmählichen Anstieg der Kosten von Waren und Dienstleistungen im Laufe der Zeit, der die Kaufkraft des Geldes untergräbt. Bei der Altersvorsorge übersehen viele Menschen die Auswirkungen der Inflation, was dazu führen kann, dass sie die Mittel unterschätzen, die sie benötigen, um während der gesamten Altersvorsorge einen gewünschten Lebensstandard aufrechtzuerhalten.

Die Inflation wird oft unterschätzt, da ihre Auswirkungen nicht immer sofort erkennbar sind. So mag beispielsweise ein kleiner, schrittweiser Preisanstieg jedes Jahr kurzfristig unbedeutend erscheinen, über mehrere Jahrzehnte hinweg kann er jedoch den Wert Ihrer Ersparnisse erheblich mindern. Wenn Sie die Inflation bei Ihrer Altersvorsorge nicht berücksichtigen, besteht die Gefahr, dass Ihre Ersparnisse, die Ihnen bei Ihrer Pensionierung ausreichend erschienen, nicht mehr ausreichen, um Ihren Lebensunterhalt zu decken.

Eines der offensichtlichsten Beispiele für die Auswirkungen der Inflation sind die Kosten für Alltagsgegenstände. Überlegen Sie, wie sich die Preise für Lebensmittel, Gesundheitsversorgung oder Nebenkosten im Laufe der Jahre verändert haben. Ein Laib Brot, der vor zehn Jahren noch ein paar Dollar kostete, kann heute beispielsweise doppelt so viel kosten. Auch die Gesundheitskosten sind in einem Tempo gestiegen, das oft die allgemeine Inflation übertrifft. Mit zunehmendem Alter benötigen Sie möglicherweise mehr medizinische Leistungen, und wenn Sie die Inflation bei Ihrer Planung nicht berücksichtigen, könnten Sie von steigenden medizinischen Kosten überrascht werden.

Ein weiterer kritischer Aspekt der Inflation ist ihre Auswirkung auf festverzinsliche Anlagen. Viele Rentner sind auf festverzinsliche Anlagen wie Anleihen oder Renten angewiesen, um ein regelmäßiges

Einkommen zu erzielen. Da diese Einkommensquellen jedoch fest sind, werden sie nicht an die Inflation angepasst. Mit der Zeit sinkt der Realwert des von ihnen bereitgestellten Einkommens, wodurch es schwieriger wird, die steigenden Ausgaben zu decken. Wenn Sie beispielsweise eine feste monatliche Zahlung aus einer Rente erhalten, nimmt deren Kaufkraft mit steigenden Preisen ab, was Ihre Fähigkeit einschränkt, Ihren Lebensstil aufrechtzuerhalten.

Die Inflation kann sich auch auf den Wert von Altersvorsorgekonten wie Renten oder anderen leistungsorientierten Pensionsplänen auswirken. Diese Pläne bieten möglicherweise eine feste monatliche Auszahlung, die im Laufe der Zeit möglicherweise nicht mit der Inflation Schritt hält. Ohne Inflationsanpassungen könnten Rentner einen allmählichen Rückgang ihres Lebensstandards erleben, da die Kosten für Waren und Dienstleistungen steigen.

Um die Auswirkungen der Inflation abzumildern, ist es wichtig, sie in Ihre Ruhestandsplanung einzubeziehen. Ein Ansatz besteht darin, inflationsbereinigte Renditen bei der Schätzung des zukünftigen Werts Ihrer Ersparnisse zu verwenden. Wenn Sie beispielsweise eine durchschnittliche jährliche Inflationsrate von 2 % erwarten, sollten Sie dies berücksichtigen, wenn Sie berechnen, wie viel Sie sparen müssen und wie sich Ihre Investitionen im Laufe der Zeit entwickeln werden. Indem Sie Ihre Ruhestandssparziele an die Inflation anpassen, stellen Sie sicher, dass Ihre Gelder während Ihres Ruhestands ihre Kaufkraft behalten.

Investitionen in Vermögenswerte, die historisch gesehen die Inflation übertreffen, können ebenfalls zum Schutz vor ihren Auswirkungen beitragen. Aktien beispielsweise haben im Allgemeinen langfristig Renditen erzielt, die die Inflation übertreffen. Aktien können zwar volatil sein, bieten aber Wachstumspotenzial, das dazu beitragen kann, die Auswirkungen steigender Preise auszugleichen. Immobilien sind eine weitere Anlageklasse, die als Absicherung gegen

Inflation dienen kann, da Immobilienwerte und Mieteinnahmen oft mit der Inflation steigen.

Eine weitere Strategie besteht darin, Investitionen mit integriertem Inflationsschutz in Betracht zu ziehen. Bestimmte Staatsanleihen beispielsweise sind so konzipiert, dass sie inflationsbereinigte Renditen bieten, wie etwa inflationsindexierte Anleihen. Diese Anleihen bieten regelmäßige Zinszahlungen, die mit der Inflation steigen und so dazu beitragen, die Kaufkraft Ihres Einkommens zu erhalten.

Es ist auch ratsam, Ihren Pensionsplan regelmäßig zu überprüfen und anzupassen, um Änderungen der Inflationsraten Rechnung zu tragen. Die Wirtschaftslage und die Inflationsraten können schwanken. Wenn Sie also auf dem Laufenden bleiben und Ihre Anlagestrategie bei Bedarf anpassen, können Sie das Inflationsrisiko besser steuern. Durch die regelmäßige Neubewertung Ihres Budgets, Ihrer Ausgaben und Ihrer Anlageperformance stellen Sie sicher, dass Ihr Pensionsplan auf Kurs bleibt, um Ihre langfristigen Ziele zu erreichen.

Für diejenigen, die sich über die Auswirkungen der Inflation auf ihre Altersvorsorge Sorgen machen, kann die Beratung durch einen Finanzberater hilfreich sein. Ein Fachmann kann Ihnen helfen, eine Strategie zu entwickeln, die die Inflation berücksichtigt, Ihr Anlageportfolio zu optimieren und sicherzustellen, dass Ihre Ersparnisse angemessen auf Ihre Altersvorsorgeziele abgestimmt sind. Berater können Ihnen auch Beratung zu inflationsgeschützten Anlagen und anderen Finanzprodukten geben, die dazu beitragen können, das Inflationsrisiko zu mindern.

Zusammenfassend lässt sich sagen, dass die Nichtbeachtung der Inflation ein schwerwiegender Fehler bei der Altersvorsorge ist, der zu erheblichen finanziellen Problemen führen kann. Da die Inflation mit der Zeit die Kaufkraft des Geldes untergräbt, ist es wichtig, sie in Ihre Altersvorsorgestrategie einzubeziehen. Indem Sie die Inflation berücksichtigen, in wachstumsorientierte Vermögenswerte investieren, inflationsgeschützte Anlagen in Betracht ziehen und Ihren Plan regelmäßig überprüfen, können Sie Ihre Altersvorsorge besser schützen und sicherstellen, dass sie Ihnen während Ihrer gesamten Rentenjahre reicht.

# Übermäßige Abhängigkeit von der Sozialversicherung

Viele Menschen machen den schwerwiegenden Fehler, sich zu sehr auf das Sozialversicherungssystem oder die staatliche Rente ihres Landes als Haupteinnahmequelle im Ruhestand zu verlassen. Diese staatlichen Leistungen können zwar eine finanzielle Grundlage für den Ruhestand bieten, reichen jedoch in der Regel nicht aus, um alle Kosten zu decken, die mit der Aufrechterhaltung eines komfortablen Lebensstils verbunden sind. Sich ausschließlich auf die Sozialversicherung zu verlassen, kann Rentner in finanzielle Schwierigkeiten bringen, insbesondere da die Lebenshaltungskosten weiter steigen und die Lebenserwartung zunimmt.

Eines der Hauptprobleme bei einer zu starken Abhängigkeit von der Sozialversicherung besteht darin, dass die monatlichen Zahlungen oft gering ausfallen, insbesondere im Vergleich zu den Lebenshaltungskosten in vielen Regionen. Diese Zahlungen sollen in der Regel ein Sicherheitsnetz bieten und nicht Ihr Arbeitseinkommen vollständig ersetzen. In vielen Ländern decken die Sozialversicherungsleistungen nur einen Bruchteil des Einkommens einer Person vor dem Ruhestand ab, oft zwischen 30 % und 50 %. Für viele Menschen ist dies nicht ausreichend, um die gleiche Lebensqualität aufrechtzuerhalten, die sie während ihrer Berufstätigkeit genossen haben.

Darüber hinaus sind die Sozialversicherungssysteme in vielen Ländern aufgrund demografischer Veränderungen einer anhaltenden finanziellen Belastung ausgesetzt. Angesichts der alternden Bevölkerung und der geringeren Zahl von Arbeitnehmern, die im Verhältnis zur Zahl der Rentner in das System einzahlen, stehen viele Regierungen vor der Herausforderung, ihre Sozialversicherungsprogramme aufrechtzuerhalten. Diese Belastung hat zu Reformen geführt, wie etwa der Anhebung des Renteneintrittsalters, der Kürzung der Leistungen oder der Änderung der Anspruchskriterien. Wenn sich Rentner ausschließlich auf diese Leistungen verlassen, besteht daher das Risiko, dass sie weniger finanzielle Unterstützung erhalten, als sie ursprünglich geplant hatten.

Die Inflation verkompliziert die Situation noch weiter. Zwar werden die Sozialleistungen in einigen Ländern an die Inflation angepasst, doch diese Anpassungen können nicht vollständig mit dem tatsächlichen Anstieg der Lebenshaltungskosten Schritt halten, insbesondere in Bereichen wie Gesundheitsversorgung und Wohnen. Mit der Zeit kann der reale Wert der Sozialleistungen erodieren und die Kaufkraft verringern. Infolgedessen kann es für Rentner, die zu stark von diesen Zahlungen abhängig sind, zunehmend schwieriger werden, grundlegende Ausgaben wie Miete, Nebenkosten, Gesundheitsversorgung und Lebensmittel zu decken.

Die Gesundheitsversorgung ist einer der größten Kostenfaktoren für Rentner, und die Sozialversicherung allein reicht oft nicht aus, um die steigenden medizinischen Kosten zu decken. Obwohl viele Länder eine Form der staatlichen Krankenversicherung anbieten, benötigen Rentner oft eine Zusatzversicherung oder zusätzliche Ersparnisse aus eigener Tasche, um Leistungen abzudecken, die nicht vollständig von der öffentlichen Krankenversicherung abgedeckt werden. Diese Kosten können erheblich sein, insbesondere wenn die Menschen älter werden und häufiger medizinische Versorgung benötigen. Ohne ausreichende Ersparnisse oder zusätzliche Einkommensquellen können Rentner, die stark von der Sozialversicherung abhängig sind, die erforderlichen Gesundheitsleistungen möglicherweise kaum bezahlen.

Darüber hinaus bieten Sozialversicherungssysteme im Allgemeinen eine grundlegende Lebensunterstützung, berücksichtigen jedoch nicht die Lebenshaltungskosten oder Freizeitausgaben. Der Ruhestand soll eine Zeit sein, in der Sie die Früchte Ihrer Arbeit genießen können, sei es Reisen, Hobbys oder Zeit mit Familie und

Freunden. Wenn Sie sich ausschließlich auf die Sozialversicherung verlassen, müssen Sie diese Aktivitäten möglicherweise erheblich einschränken, was Ihre Lebensqualität beeinträchtigen kann. Für diejenigen, die sich einen aktiven Ruhestand vorstellen, ist es wichtig, zusätzliche Einkommensströme wie Investitionen, persönliche Ersparnisse oder Renten zu haben, um die Leistungen der Sozialversicherung zu ergänzen.

Ein wichtiger Aspekt ist die Möglichkeit einer langen Lebensdauer. Die Menschen leben länger als je zuvor, und obwohl das eine gute Nachricht für einen längeren Ruhestand ist, bedeutet es auch, dass Ihr Geld länger reichen muss. Eine übermäßige Abhängigkeit von der Sozialversicherung kann dazu führen, dass Rentner ihre finanziellen Mittel nicht mehr ausschöpfen können. Da die Zahlungen oft nicht ausreichen, um den langfristigen Bedarf zu decken, können Rentner ohne ausreichende Ersparnisse später im Leben in finanzielle Schwierigkeiten geraten, wenn sie weniger in der Lage sind, ihre Ausgaben anzupassen oder wieder ins Berufsleben zurückzukehren.

Um die Fallstricke einer übermäßigen Abhängigkeit von der Sozialversicherung zu vermeiden, ist ein diversifizierter Rentenplan unerlässlich. Dazu können arbeitgeberfinanzierte Rentenpläne, private Ersparnisse, Investitionen und andere einkommensgenerierende Vermögenswerte gehören. Der Aufbau mehrerer Einkommensströme stellt sicher, dass Sie nicht vollständig von einer einzigen Geldquelle abhängig sind, was Ihre finanzielle Zukunft sicherer macht.

Beginnen Sie damit, zu ermitteln, wie viel die Sozialversicherung Ihnen bieten wird, und vergleichen Sie dies mit Ihren erwarteten Ausgaben im Ruhestand. Dieser Vergleich kann Ihnen dabei helfen, zu bestimmen, wie viel zusätzliches Erspartes oder Einkommen Sie benötigen, um Ihren gewünschten Lebensstil beizubehalten. Finanzplaner empfehlen oft, mindestens 70 bis 80 % Ihres Einkommens vor dem Ruhestand zu ersetzen, um die Ausgaben im Ruhestand bequem decken zu können. Da die Sozialversicherung allein normalerweise einen viel geringeren Prozentsatz dieses Betrags abdeckt, müssen Sie die Differenz durch andere Quellen ausgleichen.

Wenn Sie während Ihrer Berufsjahre klug investieren, können Sie sicherstellen, dass Sie über ausreichende Ersparnisse für den Ruhestand verfügen. Erwägen Sie die Einzahlung in Rentenkonten, Investmentfonds oder andere langfristige Anlageformen mit Wachstumspotenzial. Mit diesen Vermögenswerten können Sie ein Notgroschen aufbauen, der Ihre Sozialversicherungsleistungen ergänzt und Ihnen im Alter mehr finanzielle Sicherheit bietet.

Eine weitere Möglichkeit, die übermäßige Abhängigkeit von der Sozialversicherung zu verringern, besteht darin, den Bezug der Leistungen, wenn möglich, hinauszuzögern. In vielen Ländern kann das Aufschieben der Sozialversicherungszahlungen über das offizielle Rentenalter hinaus zu höheren monatlichen Zahlungen führen. Dies ist zwar möglicherweise nicht für jeden machbar, insbesondere nicht für Personen mit gesundheitlichen Problemen oder begrenzten Ersparnissen, kann jedoch für diejenigen, die es sich leisten können, zu warten, eine kluge Strategie sein.

In manchen Fällen kann eine Teilzeitbeschäftigung im Ruhestand helfen, die Lücke zwischen Sozialleistungen und Ihren finanziellen Bedürfnissen zu schließen. Viele Rentner entscheiden sich für eine flexible oder Teilzeitbeschäftigung, um aktiv zu bleiben und ihr Einkommen aufzubessern. Diese Strategie bietet nicht nur finanzielle Vorteile, sondern kann Ihren Ruhestandsjahren auch Struktur und Sinn verleihen.

Schließlich ist es wichtig, sich über Änderungen der Sozialversicherungsrichtlinien und -vorschriften auf dem Laufenden zu halten. Regierungen nehmen regelmäßig Anpassungen an diesen Programmen vor, die sich darauf auswirken können, wann und wie viel Sie erhalten können. Indem Sie auf dem Laufenden bleiben, können Sie Ihre Altersvorsorge entsprechend anpassen und vermeiden, von unerwarteten Änderungen überrascht zu werden.

Zusammenfassend lässt sich sagen, dass die Sozialversicherung zwar einen wertvollen Teil Ihres Ruhestandseinkommens ausmachen kann, es jedoch ein Fehler ist, sich zu sehr darauf zu verlassen, was zu finanziellen Problemen führen kann. Die Sozialversicherung soll Ihr Einkommen ergänzen, nicht ersetzen, und reicht oft nicht aus, um alle Ihre Ausgaben im Ruhestand zu decken. Indem Sie Ihre Einkommensströme diversifizieren, die Inflation berücksichtigen und während Ihrer gesamten Berufsjahre sparen, können Sie eine sicherere finanzielle Grundlage schaffen und einen angenehmeren und erfüllteren Ruhestand genießen.

# Keine Planung für Gesundheitskosten

Einer der häufigsten und schwerwiegendsten Fehler, den Menschen bei der Vorbereitung auf den Ruhestand machen, ist, die Kosten für die Gesundheitsversorgung zu unterschätzen oder gar nicht einzuplanen. Die Gesundheitsversorgung ist eine der größten Ausgaben für Rentner, und eine unzureichende Vorbereitung kann in einer eigentlich angenehmen und stressfreien Lebensphase zu finanziellen Belastungen führen. Im Gegensatz zu vielen anderen Ausgaben im Ruhestand sind die Kosten für die Gesundheitsversorgung nicht nur unvermeidlich, sondern steigen mit zunehmendem Alter auch deutlich an.

Mit zunehmendem Alter steigt im Allgemeinen der Bedarf an Gesundheitsversorgung. Die Wahrscheinlichkeit, dass man häufiger zum Arzt gehen, Medikamente einnehmen, Behandlungen und möglicherweise Langzeitpflege benötigen wird, steigt mit der Zeit. Viele Rentner sind überrascht, wie viel von ihrem Budget für die Gesundheitsversorgung draufgeht, insbesondere wenn sie ein Alter erreichen, in dem gesundheitliche Probleme häufiger auftreten. Obwohl einige Länder eine grundlegende oder subventionierte Gesundheitsversorgung anbieten, können die tatsächlichen Kosten aus eigener Tasche dennoch beträchtlich sein und steigen oft noch weiter an, wenn die Komplexität und Häufigkeit der Gesundheitsversorgung zunimmt.

Zunächst einmal können die Kosten für regelmäßige Arztbesuche und Medikamente zu einer großen finanziellen Belastung werden, wenn sie nicht richtig berücksichtigt werden. Im Laufe der Jahre werden Routineuntersuchungen, Facharzttermine und die Behandlung chronischer Krankheiten immer häufiger. Verschreibungspflichtige Medikamente können besonders teuer sein, vor allem für diejenigen, die langfristig Medikamente gegen Krankheiten wie Diabetes, Bluthochdruck oder Arthritis einnehmen müssen. Ohne eine angemessene Finanzplanung können diese Kosten schnell die Altersvorsorge aufzehren.

Über die routinemäßige medizinische Versorgung hinaus müssen Rentner möglicherweise größere Gesundheitskosten einkalkulieren, wie etwa Operationen, Rehabilitation und andere größere medizinische Behandlungen. Mit dem Alter steigt das Risiko ernsthafter gesundheitlicher Probleme wie Herzkrankheiten, Schlaganfall, Krebs oder Mobilitätsprobleme, die alle kostspielige medizinische Eingriffe erfordern können. Diese unerwarteten medizinischen Ausgaben können finanziell verheerend sein, wenn Sie nicht über die nötigen Mittel verfügen, um sie zu decken.

Ein Bereich, der bei der Altersvorsorge oft vernachlässigt wird, ist der potenzielle Pflegebedarf. Da die Lebenserwartung steigt, werden immer mehr Rentner über 80 Jahre alt und älter, und mit zunehmendem Alter steigt die Wahrscheinlichkeit, dass sie bei alltäglichen Aktivitäten wie Baden, Anziehen, Essen und Fortbewegung Hilfe benötigen. Diese Pflege kann zu Hause von einem Pfleger oder in einer Pflegeeinrichtung geleistet werden, aber beide Optionen können kostspielig sein. Pflege ist oft mehrere Jahre lang notwendig, insbesondere bei kognitivem Abbau wie Demenz oder Alzheimer. Die mit der Pflege verbundenen Kosten sind erheblich und können die Altersvorsorge schnell aufzehren, wenn sie nicht in Ihre Altersvorsorgeplanung einbezogen werden.

Viele Rentner müssen zudem mit höheren Kosten für Zahn-, Seh- und Hörbehandlungen rechnen. Diese Bereiche der Gesundheitsversorgung werden bei der Altersvorsorge oft übersehen, können sich jedoch mit der Zeit summieren. Mit zunehmendem Alter treten Zahnprobleme wie Zahnfleischerkrankungen, Zahnverlust und der Bedarf an Zahnersatz häufiger auf. Auch Sehprobleme wie Katarakt oder Glaukom und Hörverlust erfordern häufig fortlaufende Behandlungen, Korrekturoperationen oder die Verwendung von Hilfsmitteln wie Brillen, Kontaktlinsen oder Hörgeräten. Diese

Kosten können beträchtlich sein, insbesondere da sie mit zunehmendem Alter tendenziell steigen.

Bei der Planung der Gesundheitsversorgung im Ruhestand geht es darum, diese Kosten so genau wie möglich abzuschätzen und ausreichende Ersparnisse zur Deckung dieser Kosten zurückzulegen. Es ist auch wichtig, frühzeitig mit der Planung zu beginnen. Viele Menschen warten, bis sie kurz vor dem Rentenalter stehen, bevor sie anfangen, über Gesundheitskosten nachzudenken. Je früher Sie jedoch beginnen, desto besser sind Sie auf diese Kosten vorbereitet.

Eine effektive Strategie zur Verwaltung von Gesundheitskosten besteht darin, innerhalb Ihrer gesamten Altersvorsorge einen speziellen Gesundheitsfonds einzurichten. Dieser Fonds sollte speziell für medizinische Ausgaben vorgesehen sein, darunter sowohl Routineversorgung als auch unerwartete Gesundheitskosten. Wenn Sie diesen Fonds im Laufe der Zeit aufbauen, können Sie die finanzielle Belastung verteilen und sicherstellen, dass Sie im Ruhestand nicht von hohen Arztrechnungen überrascht werden. Einige Finanzplaner empfehlen, einen Teil Ihrer Altersvorsorge speziell für Gesundheitskosten zurückzulegen, um sicherzustellen, dass Sie die mit dem Alter verbundenen höheren Ausgaben decken können.

Ein weiterer wichtiger Aspekt der Gesundheitsvorsorge ist ein gesunder Lebensstil vor und während des Ruhestands. Während einige Gesundheitskosten unvermeidlich sind, können viele durch die Wahl des Lebensstils gemildert werden. Eine gesunde Ernährung, regelmäßige Bewegung und das Vermeiden schädlicher Gewohnheiten wie Rauchen können dazu beitragen, das Risiko chronischer Krankheiten zu verringern, die später im Leben oft zu höheren medizinischen Kosten führen. Regelmäßige Vorsorge ist ebenfalls wichtig, da sie dazu beitragen kann, Gesundheitsprobleme frühzeitig zu erkennen, wenn sie einfacher und kostengünstiger zu behandeln sind.

Bedenken Sie außerdem Ihre Wohnsituation und wie sich diese auf Ihren Gesundheitsbedarf im Ruhestand auswirken kann. Viele Rentner entscheiden sich für eine Verkleinerung oder ziehen in Gemeinden, die einen leichteren Zugang zu medizinischen Einrichtungen und Dienstleistungen bieten. Einige entscheiden sich für ein Leben in Seniorenresidenzen, in denen Gesundheitsdienstleistungen leichter verfügbar sind oder wo sie im Alter Unterstützung erhalten können. Ein Umzug kann zwar im Vorfeld Kosten verursachen, kann aber letztendlich Geld sparen und Stress reduzieren, indem er Ihnen einen schnellen und zuverlässigen Zugang zu den Gesundheitsdienstleistungen sichert, die Sie im Alter benötigen werden.

Zusammenfassend lässt sich sagen, dass die Nichtplanung von Gesundheitskosten ein erhebliches Versäumnis ist, das Ihre finanzielle Stabilität im Ruhestand erheblich beeinträchtigen kann. Die Gesundheitskosten steigen mit dem Alter tendenziell an, und wenn Sie sie nicht berücksichtigen, kann dies zu finanziellen Schwierigkeiten führen und Ihre Fähigkeit einschränken, Ihre Rentenjahre zu genießen. Um diesen Fehler zu vermeiden, ist es wichtig, zukünftige Gesundheitskosten abzuschätzen, einen speziellen Sparfonds für medizinische Ausgaben aufzubauen und Lebensstil- und Wohnentscheidungen zu berücksichtigen, die dazu beitragen können, zukünftige Gesundheitsprobleme abzumildern. Indem Sie diese Schritte unternehmen, können Sie sich besser vor den mit der Gesundheitsversorgung verbundenen finanziellen Risiken schützen und sicherstellen, dass Sie über die Mittel verfügen, die Sie für einen gesunden und sicheren Ruhestand benötigen.

# Vernachlässigung steuerlicher Auswirkungen

Einer der am häufigsten übersehenen Aspekte der Ruhestandsplanung ist das Verständnis und die Berücksichtigung der steuerlichen Auswirkungen Ihres Ruhestandseinkommens. Viele Menschen gehen davon aus, dass der Ruhestand automatisch eine geringere Steuerlast bedeutet, aber das ist nicht immer der Fall. Wenn Sie die Steuerplanung vernachlässigen, kann dies zu unerwarteten finanziellen Schwierigkeiten, geringerem Einkommen und einem beeinträchtigten Lebensstandard im Ruhestand führen. Obwohl die Steuervorschriften von Land zu Land unterschiedlich sind, gilt das Prinzip der Verwaltung und Vorbereitung auf Steuern universell.

In den meisten Ländern unterliegen verschiedene Quellen des Ruhestandseinkommens – wie Renten, Ersparnisse, Investitionen und Abhebungen von Altersvorsorgekonten – der Besteuerung. Werden diese Steuern nicht berücksichtigt, kann dies dazu führen, dass Rentner deutlich weniger Einkommen erhalten als erwartet. Ohne sorgfältige Planung könnten Sie mit höheren Steuern konfrontiert werden, die Ihre Altersvorsorge aufzehren und Ihre Fähigkeit beeinträchtigen, Lebenshaltungskosten und Gesundheitskosten zu decken und Ihren Ruhestand zu genießen.

Eine der wichtigsten steuerlichen Überlegungen im Ruhestand ist die Besteuerung von Rentenleistungen. In vielen Ländern unterliegen staatliche oder vom Arbeitgeber bereitgestellte Renten der Einkommensteuer, und die Höhe der von Ihnen geschuldeten Steuern kann von Ihrem Gesamteinkommen während des Ruhestands abhängen. Wenn Sie über mehrere Einkommensquellen verfügen, wie z. B. Mietobjekte oder Anlagedividenden, kann Ihre Gesamtsteuerschuld höher ausfallen als erwartet. Für Rentner, die es gewohnt sind, dass ihre Rente einen erheblichen Teil ihres

Ruhestandseinkommens ausmacht, kann die Entdeckung, dass ein großer Teil davon steuerpflichtig ist, ein böses Erwachen sein.

Ein weiterer Bereich, in dem Rentner häufig die steuerlichen Auswirkungen außer Acht lassen, sind Kapitalerträge. Dividenden, Kapitalgewinne und Zinsen aus Investitionen werden häufig versteuert, und die Sätze können je nach Steuergesetz Ihres Landes und Art der Investition variieren. Wenn Sie in Aktien, Anleihen, Investmentfonds oder Immobilien investiert haben, ist es wichtig zu wissen, wie Ihre Erträge versteuert werden. Einige Investitionen, wie dividendenausschüttende Aktien, bieten möglicherweise günstige Steuersätze, während andere mit höheren Sätzen besteuert werden können, was Ihre Gesamtrendite schmälern könnte.

Auch Abhebungen von Altersvorsorgekonten oder privaten Renten haben steuerliche Auswirkungen. In vielen Ländern werden Einzahlungen auf bestimmte Altersvorsorgekonten mit steuerfreiem Einkommen getätigt, was bedeutet, dass Sie die Steuer auf diese Gelder aufschieben, bis Sie sie im Ruhestand abheben. Während dies während Ihrer Berufsjahre Steuervorteile bietet, bedeutet es, dass Abhebungen von diesen Konten im Ruhestand der Einkommensteuer unterliegen. Je mehr Sie in einem bestimmten Jahr abheben, desto höher könnte Ihre Steuerschuld sein, insbesondere wenn Sie dadurch in eine höhere Steuerklasse rutschen.

Eine weitere Steuerfalle, in die Rentner oft tappen, ist die falsche Zeiteinteilung bei der Auszahlung ihrer Beträge. In vielen Fällen heben Rentner zu Beginn ihres Ruhestands große Summen ab, um größere Ausgaben wie Renovierungsarbeiten am Haus, Arztrechnungen oder Reisen zu decken. Große Beträge können Ihr steuerpflichtiges Einkommen für das Jahr erheblich erhöhen, was zu einer höheren Steuerrechnung führt, als wenn Sie diese Beträge über mehrere Jahre verteilt hätten. Dieses Problem wird noch verschärft, wenn Sie mehrere Einkommensquellen haben, wie z. B. eine Rente, Kapitalerträge und

Mieteinnahmen, die alle zu unterschiedlichen Sätzen besteuert werden können.

Eine wichtige Strategie zur Minderung der Steuerlast ist die Diversifizierung Ihrer Alterseinkommensquellen. Eine Mischung aus steuerpflichtigen und steuerfreien Einkommensquellen kann beispielsweise dazu beitragen, Ihre Gesamtsteuerschuld zu senken. Einige Länder bieten steuerfreie Konten für Rentner an, bei denen Investitionen oder Ersparnisse steuerfrei wachsen können und Abhebungen nicht versteuert werden. Die Nutzung dieser Art von Konten neben anderen steuerpflichtigen Einkommensquellen kann Ihnen helfen, Ihre Steuerbelastung zu steuern und sicherzustellen, dass Ihnen mehr von Ihrem Alterseinkommen bleibt.

Rentner können auch von steuereffizienten Auszahlungsstrategien profitieren. In einigen Fällen kann es vorteilhaft sein, zuerst von Konten abzuheben, die zu einem niedrigeren Steuersatz versteuert werden, damit steuerfreie Konten weiter wachsen können. Indem Rentner die Abhebungen verteilen und die Steuerklassen beachten, können sie ihre Steuerlast minimieren und gleichzeitig sicherstellen, dass ihr Einkommensbedarf gedeckt wird.

Ein weiterer wichtiger Aspekt, den es zu berücksichtigen gilt, ist die Kapitalertragssteuer. Wenn Sie Investitionen wie Aktien, Immobilien oder andere Vermögenswerte besitzen, kann der Verkauf dieser während des Ruhestands zu Kapitalertragssteuern führen. Viele Rentner berücksichtigen dies bei ihrer Finanzplanung nicht, da sie davon ausgehen, dass ihre Anlageerträge steuerfrei sind. Wenn Sie verstehen, wie die Kapitalertragssteuer funktioniert, einschließlich des Unterschieds zwischen kurzfristigen und langfristigen Kapitalgewinnen, können Sie besser planen, wann und wie Sie Vermögenswerte verkaufen, um Ihre Steuerschuld zu minimieren.

Wenn Sie planen, im Ruhestand umzuziehen, entweder innerhalb Ihres Landes oder in ein anderes Land, müssen Sie die steuerlichen Auswirkungen dieses Umzugs berücksichtigen. In einigen Regionen oder Ländern gelten unterschiedliche Steuervorschriften für Rentner, was Ihre Steuerlast je nach Umzugsort entweder erhöhen oder verringern kann. Einige Länder bieten beispielsweise günstige Steuersätze für ausländische Rentner oder niedrigere Steuersätze für bestimmte Einkommensarten. Es ist wichtig, sich über die Steuervorschriften eines potenziellen Ruhestandsziels zu informieren, um unerwartete Steuerrechnungen nach dem Umzug zu vermeiden.

Für Rentner, die Eigentum besitzen, können Mieteinnahmen während des Ruhestands eine wertvolle Einnahmequelle darstellen. Viele Menschen sind sich jedoch nicht darüber im Klaren, dass Mieteinnahmen häufig steuerpflichtig sind und ihre jährliche Steuerlast erheblich erhöhen können. Darüber hinaus kann der Verkauf von Mietobjekten zu Kapitalertragssteuern führen, was Ihre Steuersituation weiter verkomplizieren kann. Eine ordnungsgemäße Planung der steuerlichen Auswirkungen des Besitzes und Verkaufs von Eigentum kann Ihnen helfen, finanzielle Überraschungen später im Ruhestand zu vermeiden.

Erbschafts- und Nachlasssteuern sind ebenfalls ein wichtiger Aspekt, insbesondere wenn Sie planen, Vermögen an Ihre Familie weiterzugeben. Einige Länder erheben Steuern auf das Vermögen, das Sie den Erben hinterlassen, was den Betrag, den Ihre Begünstigten erhalten, erheblich reduzieren kann. Wenn Sie diese Steuern nicht einplanen, kann dies zu unbeabsichtigten finanziellen Folgen für Ihre Angehörigen führen. Indem Sie die Nachlassplanung in Ihre Ruhestandsstrategie einbeziehen, können Sie sicherstellen, dass Ihr Vermögen gemäß Ihren Wünschen verteilt wird und die Steuern nach Möglichkeit minimiert werden.

Zusammenfassend lässt sich sagen, dass die Vernachlässigung steuerlicher Auswirkungen ein häufiger und kostspieliger Fehler bei der Altersvorsorge ist. Alterseinkommen unterliegt verschiedenen Steuern, darunter Einkommensteuer auf Renten, Abhebungen von Sparkonten, Kapitalerträge und Kapitalgewinne. Das Verständnis und die Planung dieser Steuern ist für die Erhaltung Ihrer Altersvorsorge und die Aufrechterhaltung eines komfortablen Lebensstils unerlässlich. Strategien wie die Diversifizierung von Einkommensquellen, die zeitliche Planung von Abhebungen und die Nutzung steuerbegünstigter Konten können dazu beitragen, Ihre Steuerlast zu senken und Ihr finanzielles Wohlergehen während der gesamten Altersvorsorge zu schützen.

## Zu wenig für den Ruhestand sparen

Einer der größten Fehler, den Menschen bei der Altersvorsorge machen, ist, nicht genug zu sparen, um sich den gewünschten Lebensstil in späteren Jahren leisten zu können. Zu wenig für den Ruhestand zu sparen, kann zu finanziellen Schwierigkeiten führen und Rentner dazu zwingen, ihren Lebensstandard zu beeinträchtigen, länger zu arbeiten als geplant oder sich sogar finanziell auf die Familie zu verlassen. Die Folgen zu geringer Ersparnisse sind weitreichend und dieser Fehler lässt sich oft nur schwer korrigieren, insbesondere wenn man ihn zu spät in seiner Karriere erkennt.

Der Hauptgrund, warum viele Menschen zu wenig für den Ruhestand sparen, ist, dass sie unterschätzen, wie viel sie benötigen, um ihren Lebensstil im Ruhestand aufrechtzuerhalten. Es besteht oft die falsche Vorstellung, dass die Ausgaben drastisch sinken, wenn man aufhört zu arbeiten. Während es stimmt, dass einige Kosten, wie z. B. Pendelkosten oder arbeitsbezogene Ausgaben, reduziert werden können, bleiben viele andere Ausgaben gleich oder steigen sogar. Beispielsweise steigen die Gesundheitskosten typischerweise mit dem Alter, Freizeitaktivitäten können häufiger werden und die Inflation mindert mit der Zeit die Kaufkraft. Ohne sorgfältige Planung können diese Kosten die Ersparnisse eines Rentners schnell aufzehren, insbesondere wenn er nicht ausreichend gespart hat.

Einer der Gründe für diese Fehleinschätzung ist, dass die Menschen sich oft auf die kurzfristige Perspektive konzentrieren und unmittelbare finanzielle Bedürfnisse und Wünsche über langfristige Ersparnisse stellen. Es ist leicht, in die Falle zu tappen und zu denken, dass die Rente noch weit weg ist und man später noch genügend Zeit hat, um aufzuholen. Diese Denkweise führt jedoch dazu, dass man das Sparen aufschiebt, und je länger man wartet, damit anzufangen, desto schwieriger wird es, die notwendigen Mittel anzusparen. Zinseszinsen funktionieren am effektivsten, wenn man ihnen Zeit zum Wachsen gibt, und das Aufschieben der Altersvorsorge bedeutet, dass man die Vorteile der Zinseszinsen im Laufe der Jahre verpasst.

Ein weiterer Faktor, der zu wenig Ersparnisse verursacht, ist mangelndes Bewusstsein darüber, wie lange der Ruhestand dauern könnte. Da die Lebenserwartung in vielen Teilen der Welt steigt, leben die Menschen länger als je zuvor. Das ist zwar zweifellos positiv, bedeutet aber auch, dass die Altersvorsorge länger reichen muss, als viele Menschen erwarten. Es ist nicht ungewöhnlich, dass Menschen 20, 30 oder sogar 40 Jahre im Ruhestand verbringen, und wenn man dies nicht berücksichtigt, kann es passieren, dass man seine Ersparnisse überlebt. Ohne ein ausreichendes Notgroschen können Rentner in ihren späteren Jahren in finanzielle Schwierigkeiten geraten, wenn sie am wenigsten in der Lage sind, wieder zu arbeiten oder ihren Lebensstil erheblich anzupassen.

Neben der höheren Lebenserwartung spielt die Inflation eine bedeutende Rolle bei der Wertminderung von Ersparnissen im Laufe der Zeit. Selbst eine moderate Inflation kann Ihre Kaufkraft im Ruhestand erheblich verringern. Beispielsweise können die Kosten für Alltagsgegenstände wie Lebensmittel, Wohnen und Nebenkosten im Laufe der Jahre steigen, während der Wert Ihrer Ersparnisse gleich bleibt. Wenn Sie nicht genug gespart haben, um die Inflation auszugleichen, kann es für Sie im Laufe der Jahre zunehmend schwieriger werden, die grundlegenden Lebenshaltungskosten zu decken.

Viele Menschen berücksichtigen auch nicht richtig, welchen Lebensstil sie im Ruhestand führen möchten. Der Ruhestand wird oft als eine Zeit der Entspannung und des Vergnügens angesehen, in der man seinen Hobbys nachgehen, reisen und Zeit mit seinen Lieben verbringen kann. Diese Aktivitäten erfordern jedoch Geld, und ohne angemessene Ersparnisse müssen Rentner ihre Pläne möglicherweise einschränken. Es ist wichtig, realistisch zu sein, was den Lebensstil angeht, den Sie im Ruhestand führen möchten, und entsprechend zu sparen. Ob Sie nun viel reisen, umziehen oder neue Hobbys beginnen möchten, diese Aktivitäten sind mit Kosten verbunden, die in Ihren Sparplan für den Ruhestand einbezogen werden müssen.

Eine der effektivsten Möglichkeiten, zu wenig für den Ruhestand zu sparen, besteht darin, früh und konsequent mit dem Sparen zu beginnen. Je früher Sie mit dem Sparen beginnen, desto mehr Zeit haben Ihre Investitionen, um zu wachsen. Selbst kleine Beiträge zu Beginn Ihrer Karriere können sich im Laufe der Zeit zu einem beträchtlichen Ruhestandsfonds ansammeln. Darüber hinaus stellt die Entwicklung der Gewohnheit des regelmäßigen Sparens sicher, dass Sie konsequent auf Ihre finanziellen Ziele hinarbeiten, anstatt sich auf Last-Minute-Bemühungen zu verlassen, um aufzuholen.

Für diejenigen, die erst später im Leben mit dem Sparen begonnen haben, ist nicht alles verloren, aber es werden aggressivere Spar- und Investitionsstrategien erforderlich sein, um die verlorene Zeit wieder aufzuholen. Eine Erhöhung Ihrer Sparquote und die Reduzierung unnötiger Ausgaben in den Jahren vor der Pensionierung können dazu beitragen, Ihre Altersvorsorge aufzubessern. Darüber hinaus kann die Investition in Vermögenswerte, die höhere Renditen bieten, unter Berücksichtigung der damit verbundenen Risiken dazu beitragen, die Sparlücke zu schließen. Es ist jedoch wichtig, risikoreichere Investitionen mit stabileren Optionen auszugleichen, um sicherzustellen, dass Ihre Ersparnisse geschützt sind, wenn Sie sich der Pensionierung nähern.

Ein weiterer wichtiger Aspekt, um zu wenig zu sparen, ist die regelmäßige Überprüfung Ihrer Ruhestandsziele und Ihres Sparfortschritts. Die Lebensumstände ändern sich und es ist wichtig, Ihren Sparplan entsprechend anzupassen. Wenn Sie beispielsweise eine Gehaltserhöhung erhalten, Geld erben oder große Schulden abbezahlen, sollten Sie einen Teil dieses zusätzlichen Einkommens für Ihre Altersvorsorge verwenden. Eine regelmäßige Überprüfung Ihres Sparplans kann Ihnen dabei helfen, sicherzustellen, dass Sie auf dem richtigen Weg sind, und Ihnen ermöglichen, Anpassungen vorzunehmen, bevor es zu spät ist.

Es lohnt sich auch, bei der Planung Ihres Ruhestands professionelle Finanzberatung in Anspruch zu nehmen. Viele Menschen unterschätzen, wie viel sie sparen müssen, weil sie sich nicht sicher sind, wie sie ihren Ruhestandsbedarf genau berechnen sollen. Ein Finanzberater kann Ihnen dabei helfen, Ihre Ziele, Ihr Einkommen, Ihre Ausgaben und andere Faktoren zu bewerten, um einen realistischen Sparplan für den Ruhestand zu erstellen. Er kann Sie auch zu Anlagestrategien beraten, die Ihrer Risikobereitschaft und Ihren langfristigen Zielen entsprechen, und so sicherstellen, dass Ihre Ersparnisse angemessen wachsen.

Schließlich ist es wichtig zu erkennen, dass es bei der Altersvorsorge nicht nur darum geht, Ersparnisse aufzubauen, sondern auch darum, diese Ersparnisse klug zu verwalten. Selbst wenn Sie ausreichend gespart haben, kann eine schlechte Finanzverwaltung im Ruhestand zu übermäßigen Ausgaben oder unangemessenen Investitionen führen, was Ihre Mittel schnell aufbrauchen kann. Eine solide Altersvorsorgestrategie beinhaltet nicht nur, ausreichend zu sparen, sondern auch, nach der Pensionierung bei Abhebungen und Investitionen umsichtig vorzugehen.

Zusammenfassend lässt sich sagen, dass es ein häufiger und potenziell verheerender Fehler ist, zu wenig für den Ruhestand zu sparen. Viele Menschen unterschätzen, wie viel sie benötigen, um ihren gewünschten Lebensstil aufrechtzuerhalten, berücksichtigen die Inflation nicht und übersehen die Auswirkungen einer höheren Lebenserwartung. Der Schlüssel zur Vermeidung dieser Falle besteht darin, früh mit dem Sparen zu beginnen, konsequent zu sparen und Ihre finanziellen Ziele regelmäßig neu zu bewerten. Indem Sie diese Schritte unternehmen, können Sie sicherstellen, dass Sie über die Mittel verfügen, die Sie für einen komfortablen und finanziell sicheren Ruhestand benötigen.

# Pensionspläne nicht regelmäßig überprüfen

Einer der wichtigsten, aber oft übersehenen Aspekte einer effektiven Ruhestandsplanung ist die Notwendigkeit, Ihre Ruhestandsstrategie regelmäßig neu zu bewerten und zu aktualisieren. Viele Menschen setzen ihre Ruhestandspläne auf der Grundlage ihrer aktuellen Umstände und Annahmen über die Zukunft in Gang, versäumen es dann jedoch, ihre Pläne zu überdenken und anzupassen, wenn sich ihr Leben ändert. Dieses Versäumnis kann zu erheblichen finanziellen Herausforderungen führen und möglicherweise Ihre Ruhestandsziele gefährden.

Der Hauptgrund, warum Pensionspläne nicht neu bewertet werden, ist die Annahme, dass ein einmal festgelegter Plan keiner weiteren Anpassungen bedarf. Zwar ist es wichtig, einen gut durchdachten Plan zu haben, doch ebenso wichtig ist es, zu erkennen, dass das Leben dynamisch ist und sich ständig ändert. Persönliche Umstände, wirtschaftliche Bedingungen und Finanzmärkte können sich unerwartet ändern, und ein Pensionsplan, der nicht an diese Änderungen angepasst wird, kann veraltet oder unzureichend sein.

Ein häufiges Szenario, das eine Neubewertung erforderlich macht, ist eine Änderung der persönlichen Umstände. Lebensereignisse wie Heirat, Scheidung, Geburt von Kindern oder der Tod eines Ehepartners können Ihre finanzielle Situation und Ihre Altersvorsorgepläne erheblich beeinflussen. Beispielsweise kann die Geburt eines Kindes Ihre finanziellen Verpflichtungen erhöhen und Ihre Prioritäten verschieben, was eine Anpassung Ihrer Altersvorsorgestrategie erforderlich macht. Ebenso kann eine Scheidung Ihre finanziellen Mittel beeinträchtigen und eine Neubewertung Ihrer Altersvorsorgeziele erforderlich machen. Wenn

Sie Ihren Plan nicht an diese Änderungen anpassen, kann dies zu unzureichenden Ersparnissen oder nicht ausgerichteten Zielen führen.

Ein weiterer wichtiger Faktor, den Sie berücksichtigen sollten, sind Einkommens- oder Beschäftigungsänderungen. Karrierefortschritte, Arbeitsplatzverluste oder Änderungen des Beschäftigungsstatus können Ihre Fähigkeit beeinträchtigen, für den Ruhestand zu sparen und zu investieren. Wenn Sie eine Gehaltserhöhung erhalten, kann dies eine Gelegenheit sein, Ihre Altersvorsorge zu erhöhen. Umgekehrt kann ein Arbeitsplatzverlust oder eine Einkommenseinbuße eine Anpassung Ihrer Sparstrategie erfordern, um sicherzustellen, dass Sie Ihre Ruhestandsziele weiterhin erreichen können. Durch die regelmäßige Überprüfung Ihres Ruhestandsplans können Sie die erforderlichen Anpassungen basierend auf Änderungen Ihres Einkommens oder Beschäftigungsstatus vornehmen.

Auch die wirtschaftlichen Bedingungen und Finanzmärkte spielen bei der Altersvorsorge eine wichtige Rolle. Schwankungen bei Zinssätzen, Inflationsraten und Anlagerenditen können sich auf Ihre Altersvorsorge und Investitionen auswirken. Beispielsweise können längere Zeiträume mit niedrigen Zinssätzen das Wachstum Ihrer Ersparnisse beeinträchtigen, wenn Sie stark auf verzinsliche Konten angewiesen sind. Ebenso können erhebliche Marktrückgänge den Wert Ihrer Investitionen beeinträchtigen, was möglicherweise eine Neubewertung Ihrer Anlagestrategie und Vermögensallokation erforderlich macht. Eine regelmäßige Überprüfung Ihres Plans hilft Ihnen, über diese Änderungen auf dem Laufenden zu bleiben und Anpassungen vorzunehmen, um Ihre finanzielle Zukunft zu sichern.

Die Inflation ist ein weiterer Faktor, der Ihre Kaufkraft im Laufe der Zeit verringern kann. Daher ist es wichtig, Ihren Ruhestandsplan regelmäßig zu überprüfen. Selbst wenn Ihre anfänglichen Sparziele ausreichend waren, kann die Inflation die Lebenshaltungskosten erhöhen und den Wert Ihres Geldes verringern. Indem Sie Ihren Plan regelmäßig überprüfen und Ihre Sparziele an die Inflation anpassen, können Sie sicherstellen, dass Ihr Ruhestandseinkommen weiterhin ausreicht, um Ihre Ausgaben zu decken.

Auch die Gesundheitskosten sind ein wichtiger Aspekt, der sich im Laufe der Zeit ändern kann. Mit zunehmendem Alter steigen wahrscheinlich Ihr Gesundheitsbedarf und die damit verbundenen Kosten. Wenn Ihr Pensionsplan steigende Gesundheitskosten oder Änderungen Ihres Gesundheitszustands nicht berücksichtigt, sind Sie möglicherweise nicht auf diese Kosten vorbereitet. Durch eine regelmäßige Neubewertung Ihres Pensionsplans können Sie Ihre Spar- und Anlagestrategien anpassen, um die erwarteten Gesundheitskosten zu decken und Ihr finanzielles Wohlergehen zu schützen.

Auch Steuergesetze und -vorschriften können sich ändern und Ihre Altersvorsorgeplanung beeinflussen. Anpassungen der Steuerpolitik oder Änderungen Ihrer Steuersituation können sich auf Ihre Altersvorsorge und -abhebungen auswirken. Beispielsweise können Änderungen der Steuersätze oder Vorschriften für Altersvorsorgekonten Ihre Strategie für die Auszahlung von Geldern oder die Verwaltung von Investitionen beeinflussen. Wenn Sie sich über Steueränderungen informieren und diese in Ihre Altersvorsorgeplanung einbeziehen, können Sie die steuereffizientesten Entscheidungen für Ihre Altersvorsorge treffen.

Darüber hinaus können Änderungen Ihrer Ruhestandsziele oder Lebensstilpräferenzen Anpassungen Ihres Ruhestandsplans erforderlich machen. Wenn Sie sich dem Ruhestand nähern, bewerten Sie möglicherweise Ihren gewünschten Lebensstil und Ihre gewünschten Aktivitäten neu, z. B. Reisen, Umzug oder die Aufnahme neuer Hobbys. Diese Änderungen können sich auf Ihre finanziellen Bedürfnisse auswirken und Anpassungen Ihres Sparplans erforderlich machen, um sicherzustellen, dass Sie den von Ihnen gewünschten Ruhestandslebensstil erreichen können.

Um Ihren Pensionsplan effektiv neu zu bewerten, ist es wichtig, eine Routine für regelmäßige Überprüfungen zu etablieren. Dies kann jährlich oder immer dann erfolgen, wenn bedeutende Lebensereignisse oder finanzielle Veränderungen eintreten. Bewerten Sie während dieser Überprüfungen Ihre aktuelle finanzielle Situation, beurteilen Sie Ihren Fortschritt bei der Erreichung Ihrer Pensionsziele und passen Sie Ihre Strategie nach Bedarf an. Die Beratung durch einen Finanzberater kann wertvolle Erkenntnisse liefern und Ihnen helfen, fundierte Entscheidungen zur Anpassung Ihres Plans zu treffen.

Zusammenfassend kann es zu finanziellen Schwierigkeiten und verpassten Gelegenheiten führen, wenn Sie Ihre Pensionspläne nicht regelmäßig überprüfen. Veränderungen im Leben, wirtschaftliche Bedingungen, Inflation, Gesundheitskosten und Steuergesetze können sich alle auf Ihre Pensionsstrategie auswirken. Indem Sie Ihren Pensionsplan regelmäßig überprüfen und aktualisieren, können Sie sicherstellen, dass er weiterhin Ihren Zielen entspricht, sich an veränderte Umstände anpasst und aufkommende Herausforderungen effektiv bewältigt. Dieser proaktive Ansatz hilft Ihnen, Ihre finanzielle Sicherheit aufrechtzuerhalten und einen komfortablen und erfüllenden Ruhestand zu erreichen.

# Ersparnisse zu früh abheben

Ein zu früher Entzug von Altersvorsorgeguthaben ist ein schwerwiegender Fehler, der Ihre langfristige finanzielle Sicherheit gefährden und Ihre Altersvorsorgepläne durchkreuzen kann. Dieser Fehler entsteht häufig aus mangelndem Verständnis für die Auswirkungen vorzeitiger Entnahmen auf Ihre gesamte Altersvorsorgestrategie oder aus unmittelbarem finanziellen Druck, der einen frühzeitigen Zugriff auf die Mittel notwendig erscheinen lässt. Die Folgen solcher Entnahmen können jedoch weitreichend und nachteilig für Ihre Altersvorsorgeziele sein.

Eines der Hauptrisiken, die mit einer zu frühen Auszahlung von Ersparnissen verbunden sind, ist die Erschöpfung Ihres Pensionsfonds. Pensionskonten und -spargguthaben sollen Ihnen während Ihres Ruhestands, der mehrere Jahrzehnte dauern kann, finanzielle Sicherheit bieten. Eine Auszahlung vor dem Rentenalter kann den Betrag, der Ihnen später im Leben zur Verfügung steht, erheblich verringern. Diese frühe Erschöpfung kann zu finanziellen Schwierigkeiten führen, insbesondere wenn Sie unerwartete Ausgaben haben oder Ihr Ruhestand länger dauert als erwartet.

Ein weiterer wichtiger Aspekt ist die Auswirkung von vorzeitigen Abhebungen auf das Wachstumspotenzial Ihrer Ersparnisse. Altersvorsorgekonten profitieren häufig von Zinseszinsen, wobei die Zinsen, die Sie auf Ihre ursprüngliche Anlage erhalten, im Laufe der Zeit zusätzliche Zinsen generieren. Durch eine vorzeitige Abhebung von Geldern verringern Sie nicht nur den Kapitalbetrag, der Zinseszinsen einbringt, sondern verzichten auch auf zukünftiges potenzielles Wachstum. Dieses verlorene Wachstum kann einen kumulativen Effekt haben, d. h. je früher Sie abheben, desto mehr potenzielle Erträge verlieren Sie langfristig. Diese Verringerung des Wachstumspotenzials kann die Fähigkeit Ihres Altersvorsorgefonds,

Sie während Ihres gesamten Ruhestands zu versorgen, erheblich beeinträchtigen.

Vorzeitige Abhebungen können sich nicht nur negativ auf Ihr Sparwachstum auswirken, sondern auch negative steuerliche Auswirkungen haben. In vielen Ländern können Abhebungen von Geldern aus Altersvorsorgekonten vor einem bestimmten Alter oder außerhalb bestimmter Bedingungen zu Strafen oder zusätzlichen Steuern führen. Diese Strafen können beträchtlich sein und den Betrag, der Ihnen für den Ruhestand zur Verfügung steht, weiter verringern. Selbst wenn keine Strafen verhängt werden, drängen Sie bei vorzeitigen Abhebungen oft in eine höhere Steuerklasse, was zu einer höheren Steuerschuld auf die abgehobenen Gelder führt. Wenn Sie die steuerlichen Auswirkungen vorzeitiger Abhebungen verstehen und entsprechend planen, können Sie unerwartete Steuerbelastungen vermeiden.

Finanzieller Stress oder Notfälle sind oft die Hauptgründe für vorzeitige Abhebungen. Obwohl es in Zeiten finanzieller Not wie eine praktikable Lösung erscheinen mag, auf Ihre Ersparnisse zuzugreifen, kann dieser Ansatz Ihre langfristige Altersvorsorge untergraben. Bevor Sie Ihre Altersvorsorge auflösen, ist es wichtig, andere Optionen zu prüfen, wie z. B. Notfallfonds, Versicherungsschutz oder alternative Einkommensquellen. Indem Sie finanzielle Herausforderungen auf diese Weise angehen, können Sie Ihre Altersvorsorge bewahren und Ihre langfristigen finanziellen Ziele erreichen.

Ein weiterer Aspekt sind die Auswirkungen von vorzeitigen Abhebungen auf Ihren Lebensstil im Ruhestand. Wenn Sie Geld vorzeitig abheben, müssen Sie möglicherweise Ihre Ruhestandspläne anpassen, um die reduzierten Ersparnisse zu berücksichtigen. Dies könnte bedeuten, dass Sie Ihren Ruhestand verschieben, gewünschte Ausgaben oder Aktivitäten einschränken oder sich stärker auf die Sozialversicherung oder andere Einkommensquellen verlassen. Die erforderlichen Anpassungen können Ihre Lebensqualität im

Ruhestand beeinträchtigen und Ihre Fähigkeit einschränken, den Ruhestand zu genießen, den Sie sich vorgestellt haben.

Um die Fallstricke vorzeitiger Abhebungen zu vermeiden, ist eine gut strukturierte Strategie zur Altersvorsorge, die einen Notfallfonds und ein klares Verständnis Ihrer langfristigen finanziellen Bedürfnisse umfasst, unerlässlich. Der Aufbau eines Notfallfonds kann ein Sicherheitsnetz für unerwartete Ausgaben bieten und die Notwendigkeit verringern, vorzeitig auf Ihre Altersvorsorge zurückzugreifen. Darüber hinaus kann Ihnen die Erstellung eines umfassenden Finanzplans, der mögliche Lebensveränderungen und Notfälle berücksichtigt, dabei helfen, Ihre Ersparnisse effektiver zu verwalten und vorzeitige Abhebungen zu vermeiden.

Wenn Sie sich in einer Situation befinden, in der eine vorzeitige Auszahlung unumgänglich erscheint, ist es ratsam, einen Finanzberater zu konsultieren. Ein Berater kann Ihnen helfen, die möglichen Auswirkungen auf Ihre Altersvorsorge einzuschätzen, alternative Lösungen zu erkunden und fundierte Entscheidungen über den Zugriff auf Ihre Mittel zu treffen. Er kann Ihnen auch Ratschläge geben, wie Sie die negativen Auswirkungen vorzeitiger Auszahlungen minimieren und Ihren Altersvorsorgeplan an alle notwendigen Änderungen anpassen können.

Zusammenfassend kann ein zu früher Entzug von Altersvorsorgegeldern schwerwiegende Folgen für Ihre langfristige finanzielle Sicherheit haben. Die Auswirkungen auf Ihr Sparwachstum, mögliche steuerliche Auswirkungen und die Notwendigkeit, Ihren Lebensstil im Ruhestand anzupassen, können Ihre Fähigkeit, einen komfortablen Ruhestand zu erreichen, beeinträchtigen. Indem Sie die mit vorzeitigen Entnahmen verbundenen Risiken verstehen, alternative Lösungen für finanzielle Herausforderungen erkunden und eine gut strukturierte Altersvorsorgestrategie verfolgen, können Sie Ihre Altersvorsorge schützen und einen sichereren und zufriedenstellenderen Ruhestand sicherstellen.

## Kein Notfallfonds vorhanden

Wenn Sie es versäumen, einen Notfallfonds einzurichten, ist dies ein schwerwiegendes Versäumnis bei der Altersvorsorge, das schwerwiegende Folgen für Ihre finanzielle Stabilität haben kann. Ein Notfallfonds ist ein entscheidender Bestandteil einer umfassenden Finanzstrategie und soll ein Sicherheitsnetz für unerwartete Ausgaben oder finanzielle Notfälle bieten, die auftreten können. Ohne einen ausreichenden Notfallfonds sind Sie möglicherweise gezwungen, auf Ihre Altersvorsorge zurückzugreifen, was Ihre langfristige finanzielle Sicherheit untergraben und Ihre Altersvorsorgepläne durchkreuzen kann.

Ein Notfallfonds dient als Puffer gegen unvorhergesehene finanzielle Herausforderungen, wie unerwartete medizinische Ausgaben, dringende Reparaturen am Haus oder plötzlichen Verlust des Arbeitsplatzes. Solche Notfälle können jederzeit eintreten und erfordern oft sofortigen Zugang zu Geldmitteln. Ohne einen speziellen Notfallfonds könnten Sie in Versuchung geraten, Ihre Altersvorsorge aufzulösen oder hochverzinsliche Schulden aufzunehmen, um diese Kosten zu decken. Beide Optionen können sich nachteilig auf Ihre Altersvorsorge und Ihr finanzielles Wohlergehen auswirken.

Eines der Hauptrisiken, wenn Sie keinen Notfallfonds haben, ist die Möglichkeit, dass Sie vorzeitig auf Ihre Altersvorsorge zurückgreifen müssen. Altersvorsorgekonten sollen langfristige finanzielle Sicherheit bieten und sind in der Regel nicht ohne Strafen oder steuerliche Konsequenzen leicht zugänglich. Wenn Sie für Notfälle auf Altersvorsorgefonds zurückgreifen, verbrauchen Sie nicht nur Ihre Ersparnisse, sondern gefährden auch das Wachstumspotenzial Ihrer Investitionen. Diese vorzeitige Entnahme kann den für Ihre Rentenjahre verfügbaren Geldbetrag erheblich reduzieren und später im Leben zu finanziellen Schwierigkeiten führen.

Wenn Sie keinen Notfallfonds unterhalten, kann dies nicht nur Ihre Altersvorsorge aufzehren, sondern auch zu erhöhtem finanziellen Stress und Instabilität führen. Ohne Sicherheitsnetz fühlen Sie sich möglicherweise stärker unter Druck, übereilte finanzielle Entscheidungen zu treffen, z. B. hochverzinsliche Kredite aufzunehmen oder Investitionen zu einem ungünstigen Zeitpunkt zu verkaufen. Dieser Stress kann sich auf Ihre allgemeine finanzielle Gesundheit auswirken und es schwieriger machen, Ihre Altersvorsorgeziele zu erreichen.

Ein weiteres wichtiges Problem ist, dass Notfälle oft sofortiges Handeln erfordern und der Zugriff auf schnell verfügbare Mittel unerlässlich ist. Wenn Sie keinen Notfallfonds haben, müssen Sie möglicherweise schnell nach Mitteln suchen, was möglicherweise zu schlechten finanziellen Entscheidungen oder Verzögerungen bei der Lösung dringender Probleme führt. Ein Notfallfonds stellt sicher, dass Sie über die Liquidität verfügen, um unerwartete Ausgaben zu bewältigen, ohne Ihren Finanzplan zu beeinträchtigen.

Der Aufbau und die Pflege eines Notfallfonds ist besonders für Rentner wichtig, da sie aufgrund altersbedingter Probleme und fester Einkommen mit erhöhten finanziellen Risiken konfrontiert sein können. Mit zunehmendem Alter können medizinische Notfälle, unerwartete Reparaturen am Haus oder andere dringende Bedürfnisse häufiger auftreten. Mit einem Notfallfonds können Sie diese Bedürfnisse decken, ohne Ihre Altersvorsorge oder Ihren Lebensstil zu beeinträchtigen.

Um einen soliden Notfallfonds anzulegen, sollten Sie einen Teil Ihres Einkommens speziell für diesen Zweck zurücklegen. Finanzexperten empfehlen in der Regel, die Lebenshaltungskosten für drei bis sechs Monate auf einem leicht zugänglichen Konto wie einem Sparkonto oder einem Geldmarktfonds aufzubewahren. Dieser Betrag kann je nach Ihren persönlichen Umständen und dem gewünschten Grad an finanzieller Sicherheit variieren. Für Rentner kann es ratsam sein, eine größere Reserve zu halten, um für mögliche Notfälle und Einkommensschwankungen gerüstet zu sein.

Das Anlegen und Verwalten eines Notfallfonds erfordert Disziplin und Planung. Beginnen Sie damit, Ihre aktuelle finanzielle Situation zu bewerten und zu bestimmen, wie viel Sie sparen müssen. Legen Sie regelmäßig einen Teil Ihres Einkommens beiseite, um Ihren Notfallfonds nach und nach aufzubauen. Die Automatisierung Ihrer Einzahlungen kann diesen Prozess handhabbarer machen und sicherstellen, dass Sie Ihren Fonds kontinuierlich auffüllen.

Neben dem Aufbau eines Notfallfonds ist es wichtig, den von Ihnen gesparten Betrag regelmäßig zu überprüfen und anzupassen. Wenn sich Ihre finanzielle Situation oder Ihre Ausgaben ändern, müssen Sie Ihren Notfallfonds möglicherweise erhöhen oder anpassen, um eine ausreichende Deckung aufrechtzuerhalten. Durch die regelmäßige Neubewertung Ihres Fonds stellen Sie sicher, dass Sie auf unvorhergesehene Umstände vorbereitet sind und Ihr finanzielles Sicherheitsnetz wirksam bleibt.

Zusammenfassend lässt sich sagen, dass das Fehlen eines Notfallfonds ein erhebliches Versäumnis bei der Altersvorsorge ist, das Ihre finanzielle Stabilität und Ihre langfristigen Ziele gefährden kann. Ein Notfallfonds bietet einen wichtigen Puffer gegen unerwartete Ausgaben und hilft zu verhindern, dass Sie vorzeitig auf Ihre Altersvorsorge zurückgreifen müssen. Durch die Einrichtung und Aufrechterhaltung eines Notfallfonds können Sie Ihre finanzielle Sicherheit gewährleisten, Stress abbauen und sicherstellen, dass Sie auf unvorhergesehene Herausforderungen vorbereitet sind, ohne Ihre Altersvorsorgepläne zu gefährden.

## Vernachlässigung der Berücksichtigung der Langlebigkeit

Die Nichtberücksichtigung der Lebenserwartung ist ein schwerwiegendes Versäumnis bei der Altersvorsorge, das schwerwiegende Folgen für Ihre langfristige finanzielle Sicherheit haben kann. Da die Lebenserwartung weltweit weiter steigt, ist die Möglichkeit, weit über 80 oder 90 Jahre alt zu werden, immer häufiger geworden. Wenn Sie nicht für eine längere als erwartete Lebensspanne planen, kann dies dazu führen, dass Sie Ihre Ersparnisse nicht mehr haben, was zu finanzieller Instabilität und einer verminderten Lebensqualität in Ihren späteren Jahren führt.

Eines der Hauptrisiken, die damit verbunden sind, die Lebenserwartung nicht zu berücksichtigen, ist die potenzielle Erschöpfung Ihrer Altersvorsorge. Viele Menschen planen ihre Altersvorsorge auf der Grundlage einer durchschnittlichen Lebenserwartung und gehen davon aus, dass sie das Geld für eine bestimmte Anzahl von Jahren benötigen werden. Wenn Sie jedoch länger leben als erwartet, können Ihre Ersparnisse vor dem Ende Ihres Lebens aufgebraucht sein. Dies kann zu finanziellen Schwierigkeiten führen und Sie dazu zwingen, Ihren Lebensstandard zu reduzieren, zusätzliche Einkommensquellen zu suchen oder sich auf die Unterstützung von Familienmitgliedern zu verlassen.

Das Langlebigkeitsrisiko ist besonders ausgeprägt für Rentner, die keine gesicherten Einkommensquellen wie Renten oder Annuitäten haben. Ohne diese Quellen ist Ihr Ruhestandseinkommen von der Langlebigkeit Ihrer Ersparnisse und Investitionen abhängig. Wenn Ihre Mittel aufgebraucht sind, kann es für Sie schwierig werden, wesentliche Ausgaben wie Wohnen, Gesundheitsversorgung und tägliche Lebenshaltungskosten zu decken. Eine ordnungsgemäße Planung ist unerlässlich, um sicherzustellen, dass Ihre Ersparnisse während Ihres gesamten Ruhestands reichen, unabhängig davon, wie lange Sie leben.

Ein weiterer zu berücksichtigender Faktor ist die Auswirkung der Inflation auf Ihre Altersvorsorge. Mit der Zeit untergräbt die Inflation die Kaufkraft Ihres Geldes, was bedeutet, dass die Lebenshaltungskosten steigen, obwohl Ihre Ersparnisse gleich bleiben. Wenn Sie nicht auf Langlebigkeit achten, berücksichtigen Sie möglicherweise nicht die kumulativen Auswirkungen der Inflation auf Ihre langfristigen Ausgaben. Infolgedessen reichen Ihre Ersparnisse möglicherweise nicht so weit wie erwartet, was das Risiko, dass Ihnen das Geld ausgeht, weiter erhöht.

Auch die Gesundheitskosten spielen bei der Langlebigkeitsplanung eine wichtige Rolle. Mit zunehmendem Alter steigen wahrscheinlich Ihre Gesundheitsbedürfnisse und -kosten. Wenn Sie die Langlebigkeit nicht berücksichtigen, unterschätzen Sie möglicherweise die potenziellen Gesundheitskosten, die in späteren Jahren entstehen könnten. Diese Kosten können beträchtlich sein und umfassen Ausgaben für Medikamente, Behandlungen und Langzeitpflege. Wenn Sie diese potenziellen Kosten nicht einplanen, kann dies Ihre Finanzen belasten und Ihre Lebensqualität beeinträchtigen.

Um das Risiko zu vermeiden, dass Sie Ihre Ersparnisse überleben, ist es wichtig, Strategien in Ihre Altersvorsorge zu integrieren, die eine lange Lebensdauer berücksichtigen. Ein Ansatz besteht darin, eine konservative Sparstrategie zu verfolgen, bei der Sie mehr sparen, als Sie zunächst für nötig halten. Indem Sie Ihren Bedarf überschätzen und entsprechend sparen, können Sie ein größeres finanzielles Polster schaffen, das Ihnen im Falle eines länger als erwarteten Ruhestands mehr Sicherheit bietet.

Eine weitere Strategie besteht darin, Ihre Einkommensquellen zu diversifizieren und Optionen einzubeziehen, die ein garantiertes oder stabiles Einkommen während der gesamten Rente bieten. Renten beispielsweise können einen vorhersehbaren Einkommensstrom für einen bestimmten Zeitraum oder für den Rest Ihres Lebens bieten und so das Risiko verringern, dass Sie Ihre Ersparnisse nicht mehr benötigen. Ebenso kann die Diversifizierung von Investitionen durch die Einbeziehung einkommensgenerierender Vermögenswerte wie dividendenauszahlender Aktien oder Mietobjekte zusätzliche Einkommensquellen bieten.

Auch die regelmäßige Überprüfung und Anpassung Ihres Pensionsplans ist wichtig, um das Langlebigkeitsrisiko zu berücksichtigen. Wenn Sie sich dem Ruhestand nähern und Ihre Pensionsjahre durchlaufen, ist es wichtig, Ihre finanzielle Situation neu zu bewerten, Ihre Prognosen zu aktualisieren und Ihre Strategie nach Bedarf anzupassen. Diese fortlaufende Bewertung trägt dazu bei, sicherzustellen, dass Ihr Pensionsplan weiterhin mit Ihren sich entwickelnden Bedürfnissen und Umständen übereinstimmt.

Bei der Planung für ein langes Leben müssen Sie auch mögliche Veränderungen Ihres Lebensstils und Ihrer Ausgaben im Laufe der Zeit berücksichtigen. Mit zunehmendem Alter können sich Ihre Ausgabenmuster ändern und Ihre Bedürfnisse können sich weiterentwickeln. Es ist wichtig, diese Veränderungen in Ihrem Ruhestandsplan zu berücksichtigen und Ihre Spar- und Anlagestrategien entsprechend anzupassen. Beispielsweise müssen Sie möglicherweise höhere Gesundheitskosten, mögliche Umbauten Ihres Zuhauses oder Änderungen Ihrer Reise- und Freizeitaktivitäten einplanen.

Schließlich kann es hilfreich sein, professionelle Finanzberatung in Anspruch zu nehmen, wenn es um das Thema Langlebigkeitsrisiko geht. Ein Finanzberater kann Ihnen helfen, einen umfassenden Rentenplan zu entwickeln, der Ihre Lebenserwartung, Inflation, Gesundheitskosten und andere Faktoren berücksichtigt. Er kann Ihnen Hinweise geben, wie Sie Ihre Investitionen strukturieren, Ihre Einkommensquellen optimieren und Ihren Plan anpassen, um sicherzustellen, dass Sie über ausreichende Mittel für einen längeren Ruhestand verfügen.

Zusammenfassend lässt sich sagen, dass die Nichtberücksichtigung der Langlebigkeit ein schwerwiegender Fehler bei der Altersvorsorge ist, der zu finanziellen Schwierigkeiten und einer verminderten Lebensqualität führen kann. Indem Sie die Risiken erkennen, die mit einer längeren Lebensdauer als erwartet verbunden sind, und Strategien zur Minderung dieser Risiken entwickeln, können Sie sich besser auf einen sicheren und komfortablen Ruhestand vorbereiten. Die Annahme eines konservativen Sparansatzes, die Diversifizierung der Einkommensquellen, die regelmäßige Überprüfung Ihres Plans und die Einholung professioneller Beratung sind wesentliche Schritte, um das Langlebigkeitsrisiko anzugehen und sicherzustellen, dass Ihre Altersvorsorge Ihr ganzes Leben lang reicht.

# Falsche Berechnung des Renteneintrittsalters

Eine Fehlberechnung Ihres Renteneintrittsalters ist ein schwerwiegender Fehler, der tiefgreifende Auswirkungen auf Ihre finanzielle Stabilität und Ihre gesamte Rentenplanung haben kann. Das von Ihnen gewählte Renteneintrittsalter kann sich darauf auswirken, wie viel Sie sparen müssen, wann Sie Geld abheben und ob Sie den von Ihnen gewünschten Lebensstil im Ruhestand führen können. Eine Fehlberechnung kann zu finanziellen Belastungen, unerwarteten Anpassungen Ihrer Pläne oder sogar dazu führen, dass Sie länger arbeiten müssen als erwartet.

Eines der Hauptrisiken bei einer Fehlberechnung Ihres Renteneintrittsalters ist ein potenzieller Mangel an Ersparnissen. Wenn Sie planen, früher in Rente zu gehen, als Sie es sich leisten können, verfügen Sie möglicherweise nicht über ausreichende Mittel, um Ihren Lebensunterhalt für die Dauer Ihres Ruhestands zu decken. Dieser Mangel kann verschiedene Ursachen haben, z. B. eine Unterschätzung Ihrer voraussichtlichen Lebenserwartung, eine falsche Einschätzung Ihrer zukünftigen Ausgaben oder die Nichtberücksichtigung der Auswirkungen von Inflation und Gesundheitskosten. Ohne ausreichende Ersparnisse sind Sie möglicherweise gezwungen, Ihren Lebensstandard zu senken, Ihren Ruhestand aufzuschieben oder nach zusätzlichen Einkommensquellen zu suchen.

Umgekehrt kann eine Verzögerung des Ruhestands auch Herausforderungen mit sich bringen. Längeres Arbeiten kann zwar zu einem zusätzlichen Einkommen führen und mehr Zeit zum Sparen lassen, es kann jedoch auch Auswirkungen auf Ihren Lebensstil und Ihr Wohlbefinden haben. Die Entscheidung, über Ihr geplantes Ruhestandsalter hinaus zu arbeiten, kann aus finanziellen Gründen getroffen werden, kann aber auch Ihre Lebensqualität, Gesundheit und persönlichen Ziele beeinträchtigen. Wenn Sie Ihr Ruhestandsalter falsch berechnen und sich in einer Situation wiederfinden, in der Sie nicht wie geplant in den Ruhestand gehen können, kann dies zu Stress und Frustration führen und sich auf Ihre gesamte Ruhestandserfahrung auswirken.

Um Ihr Rentenalter genau bestimmen zu können, müssen Sie Ihre finanzielle Situation, Ihre Lebensziele und Ihre Gesundheit genau kennen. Viele Menschen legen ihr Rentenalter auf Grundlage allgemeiner Annahmen oder externer Faktoren fest, wie etwa der Berechtigung zu staatlichen Leistungen oder Rentenplänen, ohne ihre individuellen Umstände vollständig zu berücksichtigen. Dieser Ansatz kann zu Fehlberechnungen führen, wenn Ihre tatsächlichen Bedürfnisse und Ressourcen von diesen Annahmen abweichen.

Um eine Fehlberechnung Ihres Renteneintrittsalters zu vermeiden, ist es wichtig, bei der Rentenplanung einen umfassenden Ansatz zu verfolgen. Beginnen Sie mit der Bewertung Ihrer aktuellen finanziellen Situation, einschließlich Ihrer Ersparnisse, Investitionen, Einkommensquellen und Ausgaben. Berücksichtigen Sie Faktoren wie Ihren gewünschten Lebensstil im Ruhestand, potenzielle Gesundheitskosten und etwaige ausstehende Schulden oder Verpflichtungen. Diese Bewertung hilft Ihnen dabei, ein realistisches Renteneintrittsalter festzulegen, das Ihren finanziellen Zielen und Bedürfnissen entspricht.

Bei der Planung Ihres Renteneintrittsalters ist es auch wichtig, Ihre Lebenserwartung zu berücksichtigen. Es ist zwar schwierig vorherzusagen, wie lange Sie leben werden, aber wenn Sie Daten zur durchschnittlichen Lebenserwartung verwenden und Ihre persönliche Gesundheitsgeschichte berücksichtigen, können Sie eine genauere Schätzung erhalten. Wenn Sie einen längeren Ruhestand planen, stellen Sie sicher, dass Sie über ausreichende Mittel verfügen, um Ihre Ausgaben in Ihren späteren Jahren zu decken.

Durch die Einbeziehung von Flexibilität in Ihren Pensionsplan können Sie potenzielle Fehlkalkulationen vermeiden. Anstatt ein festes Renteneintrittsalter festzulegen, sollten Sie eine Reihe von Renteneintrittsaltern oder Szenarien basierend auf unterschiedlichen finanziellen Entwicklungen entwickeln. Diese Flexibilität ermöglicht es Ihnen, Ihre Pläne anzupassen, wenn sich Ihre Umstände ändern, beispielsweise bei unerwarteten gesundheitlichen Problemen oder Veränderungen Ihrer finanziellen Situation. Alternative Pläne können Ihnen helfen, die Unsicherheit der Pensionsplanung zu bewältigen und das Risiko finanzieller Schwierigkeiten zu verringern.

Eine weitere wichtige Strategie zur Vermeidung von Fehlkalkulationen ist die regelmäßige Überprüfung und Anpassung Ihres Pensionsplans. Wenn Sie sich dem Ruhestand nähern, bewerten Sie Ihren Fortschritt in Richtung Ihrer finanziellen Ziele und nehmen Sie die erforderlichen Anpassungen an Ihren Ersparnissen, Investitionen oder Ihrem Renteneintrittsalter vor. Regelmäßige Überprüfungen helfen sicherzustellen, dass Ihr Plan weiterhin Ihren sich entwickelnden Bedürfnissen und Umständen entspricht, sodass Sie fundierte Entscheidungen über Ihren Ruhestand treffen können.

Professionelle Finanzberatung kann auch hilfreich sein, um die Komplexität der Altersvorsorge zu bewältigen. Ein Finanzberater kann Ihnen helfen, einen umfassenden Altersvorsorgeplan zu entwickeln, der Ihre spezifischen Ziele, Ressourcen und Risiken berücksichtigt. Er kann Ihnen dabei helfen, Ihre Ersparnisse zu optimieren, Investitionen zu verwalten und ein angemessenes Renteneintrittsalter basierend auf Ihrer individuellen Situation festzulegen.

Zusammenfassend lässt sich sagen, dass eine Fehlberechnung Ihres Renteneintrittsalters erhebliche Auswirkungen auf Ihre finanzielle Stabilität und Ihren Ruhestand haben kann. Indem Sie Ihre finanzielle Situation gründlich bewerten, Ihre Lebenserwartung berücksichtigen, Flexibilität in Ihren Plan einbauen und professionellen Rat einholen, können Sie die mit Fehlberechnungen verbundenen Risiken vermeiden und einen sichereren und angenehmeren Ruhestand gewährleisten. Eine genaue Planung und regelmäßige Anpassungen helfen Ihnen, Ihre Ruhestandsziele zu erreichen und den Lebensstil zu genießen, den Sie sich für Ihre späteren Jahre vorstellen.

# Pensionspläne des Arbeitgebers übersehen

Das Vernachlässigen der betrieblichen Altersvorsorge ist ein schwerwiegendes Versäumnis bei der Altersvorsorge, das dazu führen kann, dass Chancen zum Aufbau einer sichereren finanziellen Zukunft verpasst werden. Viele Personen nutzen die vom Arbeitgeber geförderten Altersvorsorgepläne, wie z. B. betriebliche Altersversorgungssysteme oder beitragsorientierte Pläne, nicht voll aus, entweder weil sie sich ihrer Vorteile nicht bewusst sind oder sie nicht verstehen. Dieses Versäumnis kann zu suboptimalen Altersvorsorgen und verpassten Vorteilen führen, die diese Pläne bieten.

Arbeitgeberrentenpläne bieten oft mehrere wichtige Vorteile, die Ihre Altersvorsorge erheblich verbessern können. Einer der wichtigsten Vorteile ist die Möglichkeit von Arbeitgeberbeiträgen. Viele Arbeitgeber bieten Matching Contributions an, bei denen sie einen Teil der Beiträge des Arbeitnehmers zum Rentenplan bis zu einem bestimmten Betrag ergänzen. Dieser Matching Contribution ist im Wesentlichen kostenloses Geld, das den Betrag, den Sie für den Ruhestand sparen, erheblich erhöhen kann. Wenn Sie nicht vollständig oder überhaupt nicht teilnehmen, entgehen Ihnen diese zusätzlichen Beiträge, die Ihre Altersvorsorge im Laufe der Zeit erheblich aufbessern könnten.

Ein weiterer Vorteil von betrieblichen Altersvorsorgeplänen sind mögliche Steuervorteile. In vielen Fällen werden Beiträge zu arbeitgeberfinanzierten Altersvorsorgeplänen vor Steuern geleistet, was bedeutet, dass sie Ihr steuerpflichtiges Einkommen für das Jahr der Einzahlung reduzieren. Dies kann Ihre aktuelle Steuerschuld senken und Ihnen ermöglichen, einen größeren Teil Ihres Einkommens in die Altersvorsorge zu stecken. Darüber hinaus ist das Anlagewachstum innerhalb dieser Pläne oft steueraufgeschoben, was bedeutet, dass Sie auf die Erträge erst Steuern zahlen, wenn Sie die Mittel während des Ruhestands abheben. Wenn Sie diesen Vorteil außer Acht lassen, entgehen Ihnen die potenziellen Steuerersparnisse und Wachstumsvorteile, die diese Pläne bieten.

Arbeitgeberrentenpläne beinhalten oft professionell verwaltete Anlageoptionen, die Ihnen beim Aufbau eines diversifizierten Portfolios helfen können. Diese Pläne bieten in der Regel eine Reihe von Anlagemöglichkeiten, darunter Aktien, Anleihen und Investmentfonds, die von Fachleuten verwaltet werden, die Ihnen bei der Optimierung Ihrer Anlagestrategie helfen können. Durch die Teilnahme an diesen Plänen erhalten Sie Zugang zu Anlageexpertise und -ressourcen, die Ihnen bei individuellen Rentenkonten oder selbst verwalteten Anlagen möglicherweise nicht zur Verfügung stehen. Wenn Sie diese Optionen nicht nutzen, kann dies zu einer weniger diversifizierten Anlagestrategie und möglicherweise zu geringeren Renditen führen.

Darüber hinaus bieten Arbeitgeber-Rentenpläne möglicherweise Funktionen wie automatische Anmeldung und automatische Erhöhung. Automatische Anmeldung bedeutet, dass Sie standardmäßig in den Plan aufgenommen werden, wenn Sie anspruchsberechtigt sind, und die Beiträge automatisch von Ihrem Gehaltsscheck abgezogen werden. Durch die automatische Erhöhung wird Ihr Beitragssatz im Laufe der Zeit schrittweise erhöht, sodass Sie gegen Ende Ihres Rentenalters mehr sparen können. Diese Funktionen können den Sparprozess vereinfachen und Ihnen dabei helfen, schrittweise einen größeren Rentenfonds aufzubauen. Wenn Sie diese Funktionen außer Acht lassen, verpassen Sie bequeme Möglichkeiten, Ihre Ersparnisse zu erhöhen.

Es ist auch wichtig, die langfristigen Auswirkungen zu berücksichtigen, wenn Sie nicht an den Altersvorsorgeplänen Ihres Arbeitgebers teilnehmen. Wenn Sie Arbeitgeberbeiträge und Steuervorteile nicht erhalten, kann dies zu einem geringeren

Rentenfonds führen, sodass Sie mehr aus Ihren eigenen Mitteln sparen oder länger arbeiten müssen, um Ihre Rentenziele zu erreichen. Dies kann Ihre Lebensqualität im Ruhestand beeinträchtigen und Ihre Fähigkeit einschränken, den Lebensstil zu genießen, den Sie sich vorstellen.

Um sicherzustellen, dass Sie den vollen Nutzen aus dem Pensionsplan Ihres Arbeitgebers ziehen, sollten Sie sich zunächst mit den Einzelheiten des von Ihrem Arbeitgeber angebotenen Plans vertraut machen. Überprüfen Sie die Plandokumente, einschließlich der Beitragsgrenzen, der Matching-Richtlinien und der Anlageoptionen. Stellen Sie sicher, dass Sie über alle Fristen für die Anmeldung oder Änderungen Ihrer Beiträge informiert sind.

Wenn Ihr Arbeitgeber einen Zuschuss anbietet, sollten Sie mindestens so viel einzahlen, dass Sie den vollen Zuschuss erhalten. So maximieren Sie den Nutzen, den Sie aus dem Plan ziehen, und nutzen die zusätzlichen Einsparungen, die Ihr Arbeitgeber bietet, voll aus. Überprüfen Sie Ihre Beiträge regelmäßig und passen Sie sie bei Bedarf an, insbesondere wenn Sie Gehaltserhöhungen erhalten oder sich Ihre finanzielle Situation ändert.

Lassen Sie sich von einem Finanzberater beraten, um das Beste aus Ihrem betrieblichen Altersvorsorgeplan herauszuholen. Ein Berater kann Ihnen dabei helfen, die Merkmale des Plans zu verstehen, Ihre Anlagestrategie zu optimieren und ihn in Ihren allgemeinen Altersvorsorgeplan zu integrieren. Er kann Ihnen auch dabei helfen, fundierte Entscheidungen über die Erhöhung von Beiträgen, die Verwaltung von Investitionen und die Planung Ihrer Altersvorsorgeziele zu treffen.

Zusammenfassend kann das Vernachlässigen von Altersvorsorgeplänen des Arbeitgebers dazu führen, dass Sie Gelegenheiten verpassen, Ihre Altersvorsorge zu verbessern und Ihre finanzielle Zukunft zu sichern. Indem Sie sich voll an diesen Plänen beteiligen, Arbeitgeberbeiträge und Steuervorteile nutzen und verfügbare Anlageoptionen verwenden, können Sie einen solideren Pensionsfonds aufbauen. Wenn Sie die Merkmale des Plans Ihres Arbeitgebers verstehen, angemessene Beitragshöhen festlegen und professionellen Rat einholen, können Sie die Vorteile von arbeitgeberfinanzierten Altersvorsorgeplänen maximieren und einen sichereren und komfortableren Ruhestand erreichen.

# Keine professionelle Finanzberatung einholen

Ein häufiger Fehler bei der Altersvorsorge ist, keine professionelle Finanzberatung in Anspruch zu nehmen. Dies kann zu suboptimalen finanziellen Ergebnissen und verpassten Gelegenheiten führen. Finanzplanung ist ein komplexes Gebiet, das Anlagestrategien, steuerliche Überlegungen, Nachlassplanung und verschiedene andere Faktoren umfasst, die Ihre Altersvorsorge erheblich beeinträchtigen können. Wenn Sie keinen Finanzberater konsultieren, übersehen Sie möglicherweise wichtige Aspekte Ihrer Finanzstrategie, was zu potenziellen Risiken und Ineffizienzen führt.

Einer der Hauptvorteile einer professionellen Finanzberatung ist die Expertise, die Finanzberater in die Altersvorsorge einbringen. Berater sind darin geschult, die Feinheiten der Finanzmärkte, Anlageprodukte, Steuergesetze und Altersvorsorgestrategien zu verstehen. Sie können auf der Grundlage ihres Wissens und ihrer Erfahrung wertvolle Erkenntnisse und Empfehlungen liefern, die Ihnen dabei helfen, komplexe Entscheidungen zu treffen und einen umfassenden Altersvorsorgeplan zu entwickeln, der Ihren Zielen und Umständen entspricht.

Professionelle Berater können Ihnen dabei helfen, einen individuellen Rentenplan zu erstellen, der Ihren spezifischen Bedürfnissen entspricht. Dazu gehört auch die Bestimmung der optimalen Sparquote, der Anlagestrategie und des Auszahlungsplans. Sie können Ihnen dabei helfen, realistische Rentenziele festzulegen, zukünftige Ausgaben abzuschätzen und die Auswirkungen verschiedener Szenarien auf Ihre finanzielle Sicherheit abzuschätzen. Ohne diese Beratung treffen Sie möglicherweise Entscheidungen auf der Grundlage unvollständiger Informationen oder veralteter Annahmen, was Ihre Rentenvorsorge möglicherweise gefährdet.

Ein weiterer Vorteil professioneller Beratung ist die Möglichkeit, objektive, unvoreingenommene Empfehlungen zu erhalten. Finanzberater sind in der Regel Treuhänder, was bedeutet, dass sie gesetzlich verpflichtet sind, in Ihrem besten Interesse zu handeln. Diese objektive Perspektive kann besonders wertvoll sein, wenn Sie Anlageoptionen bewerten, Altersvorsorgekonten auswählen oder Entscheidungen über die Vermögensallokation treffen. Berater können Ihnen helfen, Interessenkonflikte zu vermeiden und sicherzustellen, dass Ihre finanziellen Entscheidungen mit Ihren langfristigen Zielen übereinstimmen.

Die Steuerplanung ist ein weiterer wichtiger Bereich, in dem professionelle Beratung einen erheblichen Unterschied machen kann. Finanzberater können Ihnen helfen, sich in den komplexen Steuergesetzen zurechtzufinden und Strategien zur Minimierung Ihrer Steuerschuld zu entwickeln. Sie können Sie zu steuereffizienten Anlageoptionen, Auszahlungsstrategien und den Auswirkungen von Steuern auf Ihr Ruhestandseinkommen beraten. Eine ordnungsgemäße Steuerplanung kann Ihre allgemeine finanzielle Effizienz verbessern und Ihnen helfen, mehr von Ihren Ersparnissen für den Ruhestand zu behalten.

Die Nachlassplanung ist ein weiterer wichtiger Aspekt der Altersvorsorge, der von professioneller Beratung profitiert. Berater können Ihnen dabei helfen, einen Nachlassplan zu erstellen, der Ihren Wünschen hinsichtlich der Vermögensverteilung entspricht, die Erbschaftssteuer minimiert und sicherstellt, dass Ihre Begünstigten gemäß Ihren Wünschen versorgt werden. Ohne eine ordnungsgemäße Nachlassplanung besteht das Risiko, dass Sie ungelöste Probleme hinterlassen, die zu rechtlichen Komplikationen oder unbeabsichtigten Ergebnissen für Ihre Erben führen können.

Darüber hinaus können Finanzberater Sie dabei unterstützen, die Marktvolatilität zu bewältigen und Ihre Anlagestrategie an veränderte wirtschaftliche Bedingungen anzupassen. Sie können Ihnen dabei helfen, eine disziplinierte Anlagestrategie beizubehalten, emotionale Entscheidungen zu vermeiden und sich auf Ihre langfristigen Ziele zu konzentrieren. Diese fortlaufende Unterstützung kann entscheidend sein, um Zeiten der Marktunsicherheit zu meistern und sicherzustellen, dass Ihr Pensionsplan auf Kurs bleibt.

Wenn Sie keine professionelle Finanzberatung in Anspruch nehmen, können Sie auch Chancen zur Optimierung Ihrer Rentenstrategie verpassen. Berater können Ihnen dabei helfen, Anlagemöglichkeiten, staatliche Leistungen und Finanzprodukte zu erkennen und zu nutzen, die Ihnen vielleicht nicht bekannt sind. Sie können Ihnen auch dabei helfen, fundierte Entscheidungen über Versicherungen, Rentenkonten und andere finanzielle Angelegenheiten zu treffen, die sich auf Ihre Rentenvorbereitung auswirken.

Um professionelle Finanzberatung optimal zu nutzen, wählen Sie zunächst einen qualifizierten und seriösen Berater aus. Suchen Sie nach Beratern mit entsprechenden Zertifizierungen, z. B. Certified Financial Planners (CFPs), und stellen Sie sicher, dass sie Erfahrung in der Altersvorsorge haben. Führen Sie gründliche Recherchen durch, lesen Sie Kundenbewertungen und planen Sie ein erstes Beratungsgespräch, um zu beurteilen, ob der Ansatz des Beraters Ihren Bedürfnissen und Zielen entspricht.

Wenn Sie sich für einen Berater entschieden haben, entwickeln Sie gemeinsam mit ihm einen umfassenden Pensionsplan. Informieren Sie ihn ausführlich über Ihre finanzielle Situation, Ihre Ziele und Ihre Sorgen. Seien Sie offen für seine Empfehlungen und bereit, Ihre Strategie auf der Grundlage seines Fachwissens anzupassen. Gehen Sie Ihren Plan regelmäßig mit Ihrem Berater durch, um bei Bedarf Anpassungen vorzunehmen, und bleiben Sie über alle Änderungen Ihrer finanziellen Situation oder Ihrer Pensionsziele informiert.

Zusammenfassend lässt sich sagen, dass es ein schwerwiegendes Versäumnis ist, keine professionelle Finanzberatung in Anspruch zu nehmen, das Ihre Altersvorsorge und finanzielle Sicherheit beeinträchtigen kann. Durch die Beratung durch einen qualifizierten Finanzberater können Sie von dessen Fachwissen profitieren, objektive Empfehlungen erhalten und komplexe Finanzfragen wie Steuerplanung und Nachlassplanung angehen. Professionelle Beratung kann Ihnen dabei helfen, eine umfassende Altersvorsorgestrategie zu entwickeln, Ihre Investitionen zu optimieren und finanzielle Herausforderungen zu meistern, was letztendlich Ihre Chancen auf einen sicheren und erfüllten Ruhestand verbessert.

# Versäumnis, die Schulden vor dem Ruhestand zu bewältigen

Wenn Sie Ihre Schulden vor dem Ruhestand nicht effektiv verwalten, ist das ein schwerwiegender Fehler, der Ihre finanzielle Sicherheit und Ihre Ruhestandspläne gefährden kann. Schulden, die nicht richtig verwaltet werden, können Ihre Ersparnisse aufzehren, Ihre finanzielle Flexibilität einschränken und Ihre allgemeine Lebensqualität während des Ruhestands beeinträchtigen. Die Behandlung und Verwaltung Ihrer Schulden vor dem Ruhestand ist entscheidend, um sicherzustellen, dass Sie mit einer stabilen finanziellen Grundlage und einem klaren Weg zur Erreichung Ihrer Ruhestandsziele in den Ruhestand gehen können.

Eines der Hauptrisiken, wenn Sie mit hohen Schulden in den Ruhestand gehen, ist die Belastung Ihres Ruhestandseinkommens. Während des Ruhestands sind Ihre Haupteinnahmequellen in der Regel feste Einkommensquellen wie Renten, Ersparnisse oder Sozialversicherung. Hohe Schulden können einen erheblichen Teil dieses Einkommens aufzehren, sodass Ihnen weniger Geld für wesentliche Ausgaben und frei verfügbare Ausgaben bleibt. Dies kann zu einer verminderten Lebensqualität, finanziellem Stress und der Notwendigkeit schwieriger Anpassungen des Lebensstils führen.

Das Schuldenmanagement beeinflusst auch Ihre Fähigkeit, effektiv für den Ruhestand zu sparen. Hohe Schulden erfordern oft erhebliche monatliche Zahlungen, was Ihre Fähigkeit einschränken kann, in die Altersvorsorge oder in Anlagekonten einzuzahlen. Dies kann zu einem kleineren Ruhestandsfonds führen und möglicherweise Ihren komfortablen Ruhestand verzögern. Durch die ordnungsgemäße Verwaltung und Reduzierung von Schulden können Ressourcen freigesetzt werden, die in Ersparnisse umgeleitet werden können, sodass Sie einen soliden Ruhestandsfonds aufbauen können.

Zinszahlungen für Schulden können besonders belastend sein und erhebliche Auswirkungen auf Ihre Finanzen haben. Hochverzinsliche Schulden, wie Kreditkartensalden oder Privatkredite, können sich schnell anhäufen, wodurch sich der Gesamtbetrag Ihrer Schulden erhöht und Ihre finanzielle Flexibilität eingeschränkt wird. Je länger Sie diese Schulden haben, desto mehr Zinsen zahlen Sie, was Ihre Ressourcen weiter erschöpfen und Ihre Altersvorsorge beeinträchtigen kann. Die Reduzierung oder Beseitigung hochverzinslicher Schulden vor dem Ruhestand kann dazu beitragen, diese Kosten zu minimieren und Ihre allgemeine finanzielle Gesundheit zu verbessern.

Ein effektives Schuldenmanagement trägt auch dazu bei, eine gute Kreditwürdigkeit aufrechtzuerhalten. Eine hohe Kreditwürdigkeit ist wichtig, um günstige Konditionen für Kredite, Hypotheken und andere Finanzprodukte zu erhalten. Wenn Sie mit einer guten Kreditwürdigkeit in den Ruhestand gehen, kann es einfacher sein, bei Bedarf Kredite zu erhalten, möglicherweise zu günstigeren Konditionen. Umgekehrt können sich erhebliche Schulden und versäumte Zahlungen negativ auf Ihre Kreditwürdigkeit auswirken und es in Zukunft schwieriger machen, Kredite oder finanzielle Unterstützung zu erhalten.

Um Schulden vor dem Ruhestand effektiv zu verwalten, sollten Sie zunächst Ihre aktuelle Schuldensituation bewerten. Erstellen Sie eine Liste aller Ihrer Schulden, einschließlich ausstehender Beträge, Zinssätze und monatlicher Zahlungen. Wenn Sie den Umfang Ihrer Schulden kennen, können Sie eine Strategie für die Rückzahlung entwickeln und Prioritäten festlegen, welche Schulden Sie zuerst angehen.

Konzentrieren Sie sich vorrangig auf die Tilgung hochverzinslicher Schulden. Hochverzinsliche Schulden, wie Kreditkartenschulden, können sich schnell anhäufen und mit der Zeit teurer werden. Wenn Sie diese Schulden zuerst tilgen, können Sie die Gesamtsumme der von Ihnen zu zahlenden Zinsen reduzieren und Ihre finanzielle Situation schneller verbessern. Verwenden Sie Strategien wie die Schuldenlawinenmethode, bei der Sie zuerst die Schulden mit den höchsten Zinssätzen tilgen, oder die Schuldenschneeballmethode, bei der Sie sich darauf konzentrieren, zuerst die kleinsten Schulden zu tilgen, um ein Erfolgserlebnis zu haben.

Auch die Erstellung eines Budgets und eines Finanzplans kann Ihnen dabei helfen, Ihre Schulden effektiv zu verwalten. Mit einem Budget können Sie Ihre Einnahmen und Ausgaben verfolgen, Bereiche identifizieren, in denen Sie sparen können, und zusätzliche Mittel für die Schuldentilgung bereitstellen. Wenn Sie sich konsequent an ein Budget halten und Ihre Schulden regelmäßig begleichen, können Sie den Rückzahlungsprozess beschleunigen und Ihre finanzielle Stabilität verbessern.

Wenn Sie Schwierigkeiten haben, Ihre Schulden allein zu bewältigen, sollten Sie die Hilfe eines Finanz- oder Kreditberaters in Anspruch nehmen. Diese Fachleute können Ihnen bei der Entwicklung eines Schuldenbereinigungsplans helfen, mit Gläubigern verhandeln und Ihnen Strategien zur Verbesserung Ihrer finanziellen Situation an die Hand geben. Sie können Ihnen auch Ratschläge geben, wie Sie die Schuldentilgung mit der Altersvorsorge in Einklang bringen und so sicherstellen, dass Sie bei beiden Zielen Fortschritte machen.

Zusammenfassend lässt sich sagen, dass ein unzureichendes Schuldenmanagement vor dem Ruhestand erhebliche Auswirkungen auf Ihre finanzielle Sicherheit und Lebensqualität haben kann. Indem Sie sich mit Ihren Schulden befassen und diese reduzieren, hochverzinsliche Verpflichtungen priorisieren, ein Budget erstellen und bei Bedarf professionelle Hilfe in Anspruch nehmen, können Sie Ihre finanzielle Stabilität verbessern und mit einer stärkeren Grundlage in den Ruhestand gehen. Ein effektives Schuldenmanagement ermöglicht es Ihnen, mehr Ressourcen für Ersparnisse bereitzustellen, finanziellen Stress zu reduzieren und Ihren Ruhestand insgesamt zu verbessern.

# Die Auszahlungsoptionen für die Rente nicht verstehen

Wenn Sie die Auszahlungsoptionen für Ihre Rente nicht verstehen, kann dies Ihre Altersvorsorge und Ihr finanzielles Wohlergehen erheblich beeinträchtigen. Renten sind dazu gedacht, Ihnen während des Ruhestands ein regelmäßiges Einkommen zu bieten, aber die Art und Weise, wie Sie diese Leistungen erhalten, kann langfristige Auswirkungen auf Ihre finanzielle Stabilität und Lebensqualität haben. Ohne ein klares Verständnis der verschiedenen verfügbaren Auszahlungsoptionen treffen Sie möglicherweise Entscheidungen, die Ihr Einkommen begrenzen, Ihre Flexibilität verringern oder Ihre Fähigkeit beeinträchtigen, Ihre Ruhestandsziele zu erreichen.

Wenn Sie kurz vor dem Ruhestand stehen, bieten Pensionspläne in der Regel mehrere Auszahlungsoptionen mit jeweils unterschiedlichen Merkmalen und Vorteilen. Zu den üblichen Optionen gehören eine Einzellebensrente, eine gemeinsame und Hinterbliebenenrente sowie eine Einmalauszahlung. Jede Option hat ihre eigenen Vorteile und potenziellen Nachteile, und das Verständnis dieser Unterschiede ist entscheidend für eine fundierte Entscheidung.

Eine Lebensrente bietet ein garantiertes monatliches Einkommen, solange Sie leben, die Zahlungen werden jedoch nach Ihrem Tod eingestellt. Diese Option kann im Vergleich zu anderen Optionen eine höhere monatliche Leistung bieten, da die Möglichkeit, einem überlebenden Ehepartner oder Begünstigten ein Einkommen zu gewähren, nicht berücksichtigt wird. Wenn Sie jedoch länger leben als erwartet, können Sie Ihre Rentenzahlungen überleben und es gibt keine Restleistungen für Ihre Erben. Dies kann ein erhebliches Risiko darstellen, wenn in Ihrer Familie eine lange Lebenserwartung besteht oder wenn Sie sich Sorgen um die Versorgung eines überlebenden Ehepartners machen.

Eine Option für eine gemeinsame und Hinterbliebenenrente bietet fortlaufende Zahlungen für den Rest Ihres Lebens und bietet einem benannten Begünstigten, beispielsweise einem Ehepartner, nach Ihrem Tod weiterhin Leistungen. Diese Option führt im Vergleich zu einer Einzellebensrente in der Regel zu niedrigeren monatlichen Zahlungen, da sie die Möglichkeit bietet, Leistungen für zwei Leben zu zahlen. Die Wahl dieser Option kann Ihnen die Gewissheit geben, dass Ihr Ehepartner weiterhin ein Einkommen erhält, wenn Sie zuerst sterben. Die reduzierten monatlichen Zahlungen decken Ihren finanziellen Bedarf jedoch möglicherweise nicht vollständig, wenn Sie Ihre erwartete Lebensspanne überschreiten.

Bei einer Einmalzahlung erhalten Sie den gesamten Wert Ihrer Rente in einer einzigen Zahlung. Diese Option bietet Flexibilität, da Sie die Mittel nach Belieben verwenden, anlegen oder auf ein anderes Rentenkonto überweisen können. Eine Einmalzahlung gibt Ihnen zwar die Kontrolle über Ihr Geld, birgt aber auch Risiken. Ohne ordnungsgemäße Verwaltung können Sie Ihre Ersparnisse zu schnell aufbrauchen oder die Mittel reichen möglicherweise nicht für Ihren gesamten Ruhestand. Darüber hinaus erfordert die Verwaltung einer großen Summe sorgfältige Planung und Anlagestrategien, um sicherzustellen, dass die Mittel für Ihren gesamten Ruhestand reichen.

Wenn Sie diese Auszahlungsoptionen nicht verstehen, kann es passieren, dass Sie einen Plan wählen, der nicht zu Ihren Ruhestandszielen oder finanziellen Bedürfnissen passt. Wenn Sie beispielsweise eine Einzellebensrente wählen, während Ihr Ehepartner von Ihrem Einkommen abhängig ist, kann es sein, dass Ihr Ehepartner nach Ihrem Tod keine ausreichende finanzielle Unterstützung hat. Wenn Sie hingegen eine gemeinsame und Hinterbliebenenrente wählen, ohne die Auswirkungen auf Ihren aktuellen finanziellen Bedarf zu berücksichtigen, kann dies zu niedrigeren monatlichen Zahlungen führen, die Ihren Lebensunterhalt nicht decken.

Bei der Entscheidung über eine Rentenauszahlungsoption ist es wichtig, Ihre persönlichen Umstände, einschließlich Ihrer Gesundheit, Ihrer familiären Situation, Ihrer finanziellen Ziele und Ihrer Ruhestandspläne, sorgfältig zu prüfen. Berücksichtigen Sie Faktoren wie Ihre erwartete Lebenserwartung, den Bedarf an Ehegattenunterhalt und wie wohl Sie mit der Verwaltung einer Pauschalzahlung sind. Denken Sie außerdem darüber nach, wie jede Option in Ihre allgemeine Ruhestandsstrategie passt und wie sie sich auf Ihre langfristige finanzielle Sicherheit auswirkt.

Professionelle Finanzberatung kann bei Entscheidungen über Rentenauszahlungsoptionen hilfreich sein. Ein Finanzberater kann Ihnen helfen, Ihren Bedarf einzuschätzen, die verschiedenen Auszahlungsoptionen zu vergleichen und die beste Option für Ihre spezielle Situation zu bestimmen. Er kann Ihnen Hinweise geben, wie Sie Ihr Renteneinkommen mit anderen Altersvorsorge- und Anlagemöglichkeiten kombinieren können, und so sicherstellen, dass Sie einen umfassenden Plan haben, der Ihre finanziellen Ziele unterstützt.

Zusammenfassend lässt sich sagen, dass es erhebliche Folgen für Ihre Altersvorsorge und Ihr finanzielles Wohlergehen haben kann, wenn Sie die Optionen für die Rentenauszahlung nicht verstehen. Indem Sie die verfügbaren Optionen gründlich prüfen, Ihre persönlichen Umstände und Ruhestandsziele berücksichtigen und bei Bedarf professionellen Rat einholen, können Sie fundierte Entscheidungen treffen, die Ihren Bedürfnissen entsprechen und Ihnen während Ihres Ruhestands ein stabiles Einkommen sichern. Die ordnungsgemäße Verwaltung Ihrer Rentenauszahlungen ist entscheidend, um sicherzustellen, dass Sie finanziell stabil bleiben und einen komfortablen und sicheren Ruhestand erreichen.

# Falsche Zuteilung von Investitionen im Ruhestand

Eine falsche Aufteilung der Investitionen im Ruhestand kann Ihre finanzielle Stabilität stark beeinträchtigen und Ihre Fähigkeit, langfristige Ziele zu erreichen, beeinträchtigen. Bei der Anlageaufteilung werden Ihre Vermögenswerte auf verschiedene Anlagearten wie Aktien, Anleihen und Bargeld verteilt, um Risiko und Rendite auszugleichen. Im Ruhestand steht besonders viel auf dem Spiel, da Sie sich auf diese Investitionen verlassen, um Ihren Lebensunterhalt zu finanzieren und Ihre Lebensqualität möglicherweise über mehrere Jahrzehnte aufrechtzuerhalten. Fehltritte in diesem Bereich können zu unzureichendem Wachstum, übermäßigem Risiko oder unzureichender Liquidität führen, was wiederum Ihre Altersvorsorge untergraben kann.

Ein häufiger Fehler ist die Beibehaltung einer zu aggressiven Anlagestrategie. Viele Rentner, die von dem Wunsch nach höheren Renditen beeinflusst werden, investieren möglicherweise weiterhin stark in Aktien oder andere risikoreiche Vermögenswerte. Dieser Ansatz kann zwar ein erhebliches Wachstumspotenzial bieten, setzt Ihr Portfolio jedoch auch erheblicher Volatilität und dem Risiko erheblicher Verluste aus. Bei Marktabschwüngen kann ein stark aktienorientiertes Portfolio erhebliche Einbußen erleiden, was Ihre Altersvorsorge verringert und möglicherweise Ihre finanzielle Stabilität gefährdet. Es ist wichtig, Ihre Vermögensallokation anzupassen, um eine geringere Risikotoleranz widerzuspiegeln, wenn Sie sich dem Ruhestand nähern oder in den Ruhestand gehen.

Umgekehrt ist es eine weitere Falle, bei Ihren Investitionen übermäßig konservativ zu sein. Rentner, die ihr gesamtes Portfolio in risikoarme Anlagen wie Bargeld oder kurzfristige Anleihen umschichten, können sich zwar vor Marktvolatilität schützen, riskieren aber, Wachstumschancen zu verpassen. Die Inflation kann die Kaufkraft von Bargeld und niedrig verzinsten Anlagen untergraben, was bedeutet, dass Ihre Ersparnisse möglicherweise nicht genug wachsen, um mit den steigenden Lebenshaltungskosten Schritt zu halten. Unzureichendes Wachstum kann zu einem Mangel an Mitteln führen, insbesondere wenn Sie länger leben als erwartet oder unerwartete Ausgaben haben.

Zu einer falschen Allokation gehört auch, wenn Sie Ihre Anlagen nicht ausreichend diversifizieren. Bei der Diversifizierung werden Ihre Anlagen auf verschiedene Anlageklassen, Sektoren und geografische Regionen verteilt, um das Risiko zu verringern. Wenn Sie sich zu stark auf eine einzige Anlageart, Branche oder geografische Region verlassen, kann dies Ihre Anfälligkeit für Marktschwankungen erhöhen. Wenn Ihre Anlagen beispielsweise auf einen bestimmten Sektor konzentriert sind, der einen Abschwung erlebt, kann Ihr gesamtes Portfolio darunter leiden. Ein gut diversifiziertes Portfolio trägt dazu bei, das Risiko zu mindern und bietet im Laufe der Zeit eine stabilere Rendite.

Ein weiteres Problem ist, dass Sie Ihr Portfolio nicht regelmäßig neu ausbalancieren. Im Laufe der Zeit kann die ursprüngliche Vermögensaufteilung verzerrt werden, da sich verschiedene Anlagen unterschiedlich entwickeln. Wenn sich beispielsweise Aktien gut entwickeln und Anleihen nicht, kann Ihr Portfolio zu stark auf Aktien ausgerichtet sein. Durch regelmäßiges Neubalancing wird sichergestellt, dass Ihr Portfolio weiterhin mit Ihrer Risikobereitschaft und Ihren Anlagezielen übereinstimmt. Bei dieser Vorgehensweise werden Ihre Bestände angepasst, um die gewünschte Vermögensaufteilung beizubehalten. Dies hilft dabei, Risiken zu steuern und die Rendite zu optimieren.

Darüber hinaus kann es Ihre Anlagestrategie beeinträchtigen, wenn Sie die Auswirkungen der erforderlichen Mindestausschüttungen (RMDs) nicht berücksichtigen. In vielen Ländern sind Rentner verpflichtet, ab einem bestimmten Alter einen bestimmten Prozentsatz ihrer Altersvorsorge abzuheben. Diese Anforderung kann Ihre Anlageentscheidungen beeinflussen, da Sie sicherstellen müssen, dass Ihr Portfolio über genügend Liquidität verfügt, um diese Abhebungen ohne Wachstumseinbußen zu tätigen. Zu einer ordnungsgemäßen Planung gehört die Strukturierung Ihrer Anlagen, um einen angemessenen Cashflow zu gewährleisten und gleichzeitig Wachstum zu erzielen.

Um diese Fallstricke zu vermeiden, ist es wichtig, eine gut durchdachte Anlagestrategie zu entwickeln, die mit Ihren Ruhestandszielen, Ihrer Risikobereitschaft und Ihrem Anlagehorizont übereinstimmt. Beginnen Sie mit der Bewertung Ihrer finanziellen Situation, einschließlich Ihrer Ruhestandsausgaben, Einkommensquellen und allgemeinen finanziellen Ziele. Erstellen Sie auf der Grundlage dieser Bewertung einen Vermögenszuteilungsplan, der Risiko und Rendite auf eine Weise ausgleicht, die Ihren Bedürfnissen entspricht. Dieser Plan sollte Faktoren wie Ihre erwartete Lebensdauer, Ihren Anlagehorizont und Ihre persönliche Risikobereitschaft berücksichtigen.

Die regelmäßige Überprüfung und Anpassung Ihrer Anlagestrategie ist für die Wahrung der finanziellen Stabilität während des Ruhestands unerlässlich. Überwachen Sie die Performance Ihres Portfolios, beurteilen Sie, ob Ihre Vermögensallokation weiterhin angemessen ist, und nehmen Sie bei Bedarf Anpassungen vor. Regelmäßige Überprüfungen stellen sicher, dass Ihre Anlagen weiterhin Ihren Zielen entsprechen und sich an veränderte Marktbedingungen oder persönliche Umstände anpassen.

Die Beratung durch einen Finanzberater kann Ihnen bei der Verwaltung Ihrer Anlageallokation zusätzliche Unterstützung bieten. Berater können Ihnen Fachwissen bei der Erstellung einer diversifizierten Anlagestrategie, der Auswahl geeigneter Vermögenswerte und der Umsetzung eines Umstrukturierungsplans bieten. Sie können Ihnen auch bei komplexen Entscheidungen im

Zusammenhang mit der Altersvorsorge und dem Anlagemanagement helfen.

Zusammenfassend kann eine falsche Zuteilung von Investitionen im Ruhestand Ihre finanzielle Stabilität gefährden und Ihre Fähigkeit, Ihre Ruhestandsziele zu erreichen, beeinträchtigen. Indem Sie einen ausgewogenen Ansatz in Bezug auf Risiko und Rendite verfolgen, Ihre Investitionen diversifizieren, Ihr Portfolio regelmäßig neu ausbalancieren und Faktoren wie erforderliche Mindestausschüttungen berücksichtigen, können Sie Ihre finanzielle Sicherheit verbessern. Ein effektives Anlagemanagement ist entscheidend für einen stabilen und sicheren Ruhestand, damit Sie Ihre späteren Jahre mit Zuversicht und Seelenfrieden genießen können.

# Vernachlässigung der Planung von Ehegatten- und Hinterbliebenenleistungen

Wenn Sie es versäumen, für Ehegatten- und Hinterbliebenenleistungen zu sorgen, kann dies für Sie und Ihre Angehörigen im Ruhestand erhebliche Folgen haben. Diese Leistungen sollen Ihren Ehegatten oder Angehörigen nach Ihrem Tod finanziell unterstützen. Wenn Sie nicht ausreichend dafür vorsorgen, kann dies Ihre Familie in eine gefährdete Lage bringen. Eine ordnungsgemäße Planung stellt sicher, dass Sie und Ihr Ehegatte während des Ruhestands finanziell abgesichert sind und dass Ihre Angehörigen im Falle Ihres Ablebens gut versorgt sind.

Ehegattenleistungen sind ein wichtiger Bestandteil der Altersvorsorge, insbesondere wenn ein Ehegatte ein deutlich höheres Einkommen oder mehr Altersvorsorge hat als der andere. In vielen Pensionsplänen und Altersvorsorgekonten hat der überlebende Ehegatte Anspruch auf einen Teil der Leistungen des Verstorbenen. Ohne entsprechende Planung besteht das Risiko, dass der überlebende Ehegatte aufgrund unzureichender Leistungen oder unzureichender Ersparnisse in finanzielle Schwierigkeiten gerät. Es ist wichtig, die Einzelheiten dieser Leistungen zu verstehen, einschließlich des Prozentsatzes der fortbestehenden Leistungen und möglicher Kürzungen.

Hinterbliebenenleistungen sind ebenso wichtig und beinhalten oft Aspekte wie Lebensversicherungen, Pensionspläne und andere finanzielle Vermögenswerte. Eine Lebensversicherung kann Ihren Begünstigten eine Einmalzahlung oder fortlaufende Zahlungen bieten und so helfen, Lebenshaltungskosten, Schulden oder andere finanzielle Bedürfnisse nach Ihrem Tod zu decken. Wenn Sie keine ausreichende Lebensversicherung haben oder keine geeigneten Begünstigten benennen, kann es sein, dass Ihre Angehörigen nicht über die finanziellen Mittel verfügen, die sie benötigen, um ihren Lebensstandard aufrechtzuerhalten.

Ein weiterer wichtiger Aspekt ist die Planung, wie Hinterbliebenenleistungen mit anderen Alterseinkommensquellen kombiniert werden. Wenn Sie oder Ihr Ehepartner beispielsweise über mehrere Quellen für Alterseinkommen verfügen, darunter Sozialversicherung, Renten oder Investitionen, ist es wichtig zu wissen, wie sich der Tod eines Partners auf diese auswirkt. Einige Leistungen, wie etwa Hinterbliebenenrenten, können den ausgezahlten Betrag reduzieren, wenn eine andere Einkommensquelle weiter besteht. Die Planung dieser Interaktionen trägt dazu bei, sicherzustellen, dass Ihr gesamtes Alterseinkommen stabil bleibt und sowohl für Sie als auch für Ihren Ehepartner ausreicht.

Es ist auch wichtig, die Auswirkungen Ihrer Entscheidungen auf die Altersvorsorge Ihres Ehepartners zu berücksichtigen. Wenn Sie sich beispielsweise für eine Einzellebensrente oder eine andere Option entscheiden, die keine Hinterbliebenenleistungen vorsieht, kann Ihr Ehepartner nach Ihrem Tod ohne ausreichende finanzielle Unterstützung dastehen. Umgekehrt kann die Entscheidung für eine gemeinsame Hinterbliebenenrente oder einen ähnlichen Plan Ihrem Ehepartner ein laufendes Einkommen sichern, kann jedoch die Höhe Ihres Lebenseinkommens verringern. Um diese Überlegungen abzuwägen, müssen Sie Ihren aktuellen finanziellen Bedarf, den zukünftigen Bedarf Ihres Ehepartners und Ihre allgemeinen Ruhestandsziele bewerten.

Um diese Probleme effektiv anzugehen, sollten Sie zunächst die Leistungen und Optionen Ihrer Altersvorsorgepläne, Lebensversicherungen und anderer Finanzanlagen überprüfen. Stellen Sie sicher, dass Sie die Bedingungen vollständig verstehen, einschließlich der Berechnung der Leistungen, etwaiger Optionen für Hinterbliebenenleistungen und der Auswirkungen Ihrer

Entscheidungen. Aktualisieren Sie unbedingt die Begünstigtenbezeichnungen und überprüfen Sie die Angemessenheit Ihrer Lebensversicherung, um Ihren aktuellen Bedürfnissen und Umständen gerecht zu werden.

Es ist auch wichtig, eine umfassende Nachlassplanung zu erstellen, die auch Bestimmungen für Ehegatten- und Hinterbliebenenleistungen enthält. Eine Nachlassplanung sollte regeln, wie Ihr Vermögen verteilt wird, wie Ihre Schulden verwaltet werden und wie Ihre Angehörigen nach Ihrem Tod unterstützt werden. Die Beratung durch einen Anwalt für Nachlassplanung kann Ihnen dabei helfen, einen Plan zu entwickeln, der Ihren Bedürfnissen entspricht und sicherstellt, dass Ihre Wünsche effektiv umgesetzt werden.

Eine regelmäßige Überprüfung und Aktualisierung Ihrer Ruhestands- und Nachlasspläne ist unerlässlich, wenn sich Ihre Umstände ändern. Lebensereignisse wie Heirat, Scheidung, Geburt von Kindern oder Änderungen der finanziellen Situation können sich auf Ihre Planungsbedürfnisse auswirken. Regelmäßige Aktualisierungen stellen sicher, dass Ihre Pläne weiterhin mit Ihrer aktuellen Situation übereinstimmen und Ihrem Ehepartner und Ihren Angehörigen weiterhin die notwendige Unterstützung bieten.

Zusammenfassend kann es schwerwiegende Folgen für Ihre finanzielle Sicherheit und die Ihrer Angehörigen haben, wenn Sie die Vorsorge für Ehegatten- und Hinterbliebenenleistungen vernachlässigen. Indem Sie Ihre Leistungsoptionen kennen, sie mit anderen Alterseinkommensquellen kombinieren und eine umfassende Nachlassplanung erstellen, können Sie sicherstellen, dass sowohl Sie als auch Ihr Ehepartner gut auf den Ruhestand vorbereitet sind. Eine ordnungsgemäße Planung sorgt für finanzielle Stabilität, Seelenfrieden und eine sichere Zukunft für Ihre Familie, sodass Sie Ihren Ruhestand voller Zuversicht genießen können.

# Falsche Einschätzung der Bedeutung der Nachlassplanung

Die Bedeutung der Nachlassplanung falsch einzuschätzen, ist ein schwerwiegender Fehler, der weitreichende Folgen für Ihr finanzielles Erbe und das Wohlergehen Ihrer Angehörigen haben kann. Bei der Nachlassplanung müssen Sie Entscheidungen darüber treffen, wie Ihr Vermögen verteilt wird, wer Ihre Angelegenheiten verwaltet und wie Ihre Wünsche nach Ihrem Tod berücksichtigt werden. Eine unsachgemäße Nachlassplanung kann zu Komplikationen, unnötigen Steuern und Rechtsstreitigkeiten führen, was letztendlich Ihre Ziele untergräbt und Ihrer Familie Leid zufügt. Das Verstehen und Umsetzen einer umfassenden Nachlassplanung ist entscheidend, um sicherzustellen, dass Ihr Vermögen gemäß Ihren Wünschen behandelt wird und dass für Ihre Angehörigen in der von Ihnen beabsichtigten Weise gesorgt wird.

Einer der Hauptgründe, warum die Nachlassplanung so wichtig ist, besteht darin, dass sie dazu beiträgt, sicherzustellen, dass Ihr Vermögen gemäß Ihren Wünschen verteilt wird. Ohne Nachlassplanung wird Ihr Vermögen gemäß den gesetzlichen Erbrechten in Ihrem Rechtsraum verteilt, die möglicherweise nicht Ihren persönlichen Wünschen entsprechen. Dies könnte dazu führen, dass Ihr Vermögen unbeabsichtigten Begünstigten zufällt oder Ihr Nachlass auf eine Weise aufgeteilt wird, die nicht Ihren Wünschen entspricht. Mit der Nachlassplanung können Sie genau festlegen, wie Ihr Vermögen verteilt werden soll, einschließlich der Frage, wer bestimmte Gegenstände, Immobilien oder Finanzkonten erbt.

Die Nachlassplanung spielt auch eine entscheidende Rolle bei der Minimierung von Erbschaftssteuern und anderen Kosten. Ohne ordnungsgemäße Planung kann Ihr Nachlass nach Ihrem Tod erheblichen Steuern unterliegen, was den Wert der an Ihre Erben weitergegebenen Vermögenswerte verringern kann. Instrumente der Nachlassplanung wie Trusts, Schenkungsstrategien und wohltätige Spenden können dazu beitragen, die Steuerlast Ihres Nachlasses zu verringern. Beispielsweise können Sie durch die Einrichtung eines Trusts Vermögenswerte außerhalb Ihres steuerpflichtigen Nachlasses übertragen, wodurch möglicherweise die Erbschaftssteuer gesenkt und Ihren Begünstigten größere finanzielle Vorteile geboten werden. Zu einer effektiven Nachlassplanung gehört es, die steuerlichen Auswirkungen Ihrer Entscheidungen zu verstehen und Strategien zur Minimierung dieser Kosten zu nutzen.

Ein weiterer wichtiger Aspekt der Nachlassplanung ist sicherzustellen, dass Ihre Wünsche in Bezug auf die medizinische Versorgung und Entscheidungen am Lebensende respektiert werden. Die Nachlassplanung ermöglicht es Ihnen, Vorausverfügungen wie eine Patientenverfügung oder eine Vorsorgevollmacht zu erstellen, in denen Ihre Präferenzen für die medizinische Behandlung festgelegt sind, falls Sie dazu nicht mehr in der Lage sind. Diese Dokumente können Ihrer Familie und dem medizinischen Fachpersonal als Orientierung dienen und sicherstellen, dass Ihre Wünsche befolgt werden und potenzielle Streitigkeiten oder Verwirrungen in Bezug auf Ihre Versorgung vermieden werden. Ohne diese Dokumente muss Ihre Familie möglicherweise schwierige Entscheidungen ohne klare Vorgaben treffen, was zu emotionalem Stress und potenziellen Konflikten führen kann.

Neben der Vermögensverteilung und der medizinischen Versorgung umfasst die Nachlassplanung auch die Auswahl von Personen, die Ihre Angelegenheiten verwalten und in Ihrem Namen Entscheidungen treffen, wenn Sie dazu nicht in der Lage sind. Dazu gehört die Ernennung eines Testamentsvollstreckers, der für die Verwaltung Ihres Vermögens verantwortlich ist und sicherstellt, dass Ihre Wünsche umgesetzt werden. Dazu gehört auch die Erteilung einer Vollmacht für die Verwaltung finanzieller und rechtlicher

Angelegenheiten sowie einer Vorsorgevollmacht für medizinische Entscheidungen. Für einen reibungslosen Ablauf der Nachlassverwaltung ist es entscheidend, diese Personen sorgfältig auszuwählen und sicherzustellen, dass sie sich ihrer Rollen und Verantwortlichkeiten bewusst sind.

Die Nachlassplanung hilft auch dabei, Ihre Lieben zu schützen und für ihre zukünftigen Bedürfnisse vorzusorgen. Durch die Erstellung eines Testaments oder Trusts können Sie sicherstellen, dass Ihre Familie finanziell versorgt ist und dass Ihr Vermögen auf eine Weise verteilt wird, die ihr Wohlergehen fördert. Sie können beispielsweise einen Trust einrichten, um für minderjährige Kinder oder Angehörige zu sorgen und sicherzustellen, dass ihre Bedürfnisse erfüllt werden und sie bis zum Erwachsenenalter Unterstützung erhalten. Die Nachlassplanung kann auch Bestimmungen für Begünstigte mit besonderen Bedürfnissen enthalten und sicherstellen, dass diese angemessene Pflege und Unterstützung erhalten, ohne ihren Anspruch auf staatliche Leistungen zu gefährden.

Wenn Sie Ihren Nachlass nicht planen, kann dies zu kostspieligen und zeitaufwändigen Rechtsstreitigkeiten unter Ihren Erben führen. Ohne eine klare Nachlassplanung können Meinungsverschiedenheiten über die Verteilung Ihres Vermögens entstehen, die zu potenziellen Konflikten und Rechtsstreitigkeiten führen. Eine Nachlassplanung sorgt für Klarheit und verringert die Wahrscheinlichkeit von Streitigkeiten, indem sie Ihre Absichten klar darlegt und einen Rahmen für die Lösung potenzieller Probleme bietet. Dies kann dazu beitragen, die Harmonie in der Familie zu bewahren und sicherzustellen, dass Ihr Nachlass effizient und gemäß Ihren Wünschen verwaltet wird.

Darüber hinaus ist die Nachlassplanung kein einmaliges Ereignis, sondern ein fortlaufender Prozess, der regelmäßig überprüft und aktualisiert werden muss. Änderungen Ihrer persönlichen Umstände, wie z. B. Heirat, Scheidung, Geburt von Kindern oder erhebliche finanzielle Veränderungen, können sich auf Ihre Nachlassplanung auswirken und Aktualisierungen erforderlich machen. Durch die regelmäßige Überprüfung und Aktualisierung Ihrer Nachlassplanung wird sichergestellt, dass sie weiterhin mit Ihrer aktuellen Situation übereinstimmt und Ihre Wünsche weiterhin genau widerspiegelt.

Beginnen Sie mit der Nachlassplanung, indem Sie Ihr Vermögen und Ihre Verbindlichkeiten bewerten und überlegen, wie Sie diese verteilen möchten. Lassen Sie sich von einem auf Nachlassplanung spezialisierten Anwalt beraten, der Ihnen die verschiedenen verfügbaren Instrumente und Strategien wie Testamente, Treuhandverträge, Vollmachten und Vorsorgevollmachten erklärt. Ein Anwalt kann Ihnen dabei helfen, die rechtlichen Komplexitäten der Nachlassplanung zu meistern, sicherzustellen, dass Ihre Dokumente ordnungsgemäß erstellt und ausgeführt werden, und Ihnen Ratschläge zur Steuerminimierung und zum Schutz Ihres Vermögens geben.

Zusammenfassend kann eine falsche Einschätzung der Bedeutung der Nachlassplanung schwerwiegende Folgen für Ihr finanzielles Erbe und das Wohlergehen Ihrer Angehörigen haben. Wenn Sie die Bedeutung der Nachlassplanung verstehen und einen umfassenden Plan umsetzen, können Sie sicherstellen, dass Ihr Vermögen gemäß Ihren Wünschen verteilt wird, die steuerlichen Auswirkungen minimieren und klare Leitlinien für medizinische und finanzielle Entscheidungen bereitstellen. Die Nachlassplanung hilft, Ihre Familie zu schützen, Rechtsstreitigkeiten zu reduzieren und sicherzustellen, dass Ihr Erbe auf eine Weise behandelt wird, die Ihren Werten und Zielen entspricht. Sich die Zeit zu nehmen, einen effektiven Nachlassplan zu erstellen und aufrechtzuerhalten, ist ein wesentlicher Schritt zur Sicherung Ihrer finanziellen Zukunft und der Zukunft Ihrer Angehörigen.

# Unterschätzung der Auswirkungen der Wohnkosten

Wenn Sie die Auswirkungen der Wohnkosten unterschätzen, kann dies Ihre finanzielle Stabilität und Ihre Ruhestandsplanung erheblich beeinträchtigen. Wohnkosten, zu denen Hypothekenzahlungen, Grundsteuern, Instandhaltung und Nebenkosten gehören, machen oft einen erheblichen Teil des Haushaltsbudgets aus. Für Rentner können diese Kosten sogar noch höher ausfallen und Ihre allgemeine finanzielle Sicherheit und Lebensqualität beeinträchtigen. Eine genaue Einschätzung und Planung der Wohnkosten ist entscheidend, um sicherzustellen, dass Sie während Ihres Ruhestands eine stabile finanzielle Grundlage haben.

Eines der Hauptprobleme bei der Unterschätzung der Wohnkosten besteht darin, dass dies zu einer unrealistischen Einschätzung Ihres finanziellen Bedarfs im Ruhestand führen kann. Viele Menschen konzentrieren sich möglicherweise auf ihre unmittelbaren Bedürfnisse und Wünsche und vernachlässigen dabei die langfristigen Auswirkungen der Wohnkosten. Infolgedessen verfügen Rentner möglicherweise nicht über ausreichende Mittel, um ihre Lebenshaltungskosten zu decken, insbesondere wenn sich ihre Wohnkosten als höher als erwartet herausstellen.

Hypothekenzahlungen können eine erhebliche finanzielle Belastung darstellen, insbesondere wenn Sie mit einer ausstehenden Hypothek in den Ruhestand gehen. Obwohl viele Menschen versuchen, ihre Hypothek vor dem Ruhestand abzubezahlen, wird dieses Ziel nicht immer erreicht. Für diejenigen, die weiterhin Hypothekenschulden in den Ruhestand mit sich herumtragen, können die monatlichen Zahlungen einen großen Teil ihres festen Einkommens verschlingen. Wenn diese Zahlungen höher als erwartet sind oder die Zinssätze schwanken, kann dies Ihr Budget belasten und Ihre finanzielle Flexibilität einschränken.

Ein weiterer wichtiger Aspekt sind die Grundsteuern. Diese können je nach Standort und Wert Ihrer Immobilie erheblich variieren. Steigen die Immobilienwerte, steigen auch die Grundsteuern, was möglicherweise zu höheren Ausgaben führt. Wenn Sie das Potenzial für steigende Grundsteuern unterschätzen, kann dies zu finanziellem Druck führen, insbesondere wenn sich Ihr Ruhestandseinkommen nicht proportional anpasst, um diese zusätzlichen Kosten zu decken.

Auch die Instandhaltungs- und Reparaturkosten für Ihr Haus können beträchtlich sein und werden bei der Altersvorsorge oft übersehen. Häuser erfordern regelmäßige Instandhaltung, einschließlich Reparaturen, Renovierungen und allgemeiner Wartung, die sich im Laufe der Zeit summieren können. Diese Kosten können besonders belastend sein, wenn Sie ein älteres Haus besitzen oder wenn unerwartete Probleme auftreten. Wenn Sie diese Ausgaben nicht berücksichtigen, kann dies zu finanziellen Belastungen führen, da Sie möglicherweise auf Ersparnisse zurückgreifen oder in anderen Bereichen Ihres Budgets sparen müssen.

Nebenkosten und andere laufende Ausgaben im Zusammenhang mit dem Eigenheimbesitz, wie Versicherungen und Gebühren für die Hauseigentümergemeinschaft (HOA), können ebenfalls erhebliche Auswirkungen auf Ihr Rentenbudget haben. Die Nebenkosten können je nach Verbrauch und Marktpreisen schwanken, und die HOA-Gebühren können je nach den von der Gemeinschaft erbrachten Dienstleistungen variieren. Um finanzielle Überraschungen zu vermeiden, ist es wichtig, diese Kosten genau abzuschätzen und in Ihre Rentenplanung einzubeziehen.

Ein weiterer Aspekt ist die mögliche Notwendigkeit von Wohnungsanpassungen im Alter. Viele Rentner müssen ihre Wohnsituation aufgrund von Veränderungen in Gesundheit, Mobilität oder Lebensstil ändern. Dies kann bedeuten, dass sie in ein kleineres

Haus umziehen, in eine andere Gegend umziehen oder in eine Seniorenresidenz ziehen. Jede dieser Optionen bringt ihre eigenen Kosten mit sich, darunter Umzugskosten, neue Grundsteuern und mögliche Änderungen der Instandhaltungsanforderungen. Wenn Sie diesen zukünftigen Wohnungsbedarf unterschätzen, kann dies Ihre Finanzpläne und die Qualität Ihres Ruhestands beeinträchtigen.

Um die Wohnkosten im Ruhestand effektiv zu verwalten und zu planen, sollten Sie zunächst eine gründliche Bewertung Ihrer aktuellen und zukünftigen Wohnkosten durchführen. Überprüfen Sie Ihre Hypothekenzahlungen, Grundsteuern, Versicherungen, Instandhaltungs- und Nebenkosten, um eine realistische Schätzung dessen zu erhalten, was Sie zur Deckung dieser Kosten im Ruhestand benötigen. Berücksichtigen Sie Faktoren wie Inflation und mögliche Änderungen der Immobilienwerte, die diese Kosten beeinflussen könnten.

Integrieren Sie diese Schätzungen in Ihr gesamtes Ruhestandsbudget und Ihren Finanzplan. Stellen Sie sicher, dass Sie über ausreichende Mittel verfügen, um die Wohnkosten sowie andere Ruhestandsbedürfnisse wie Gesundheitsversorgung, Reisen und tägliche Lebenshaltungskosten zu decken. Die Erstellung eines detaillierten Budgets, das alle potenziellen wohnbezogenen Ausgaben enthält, hilft Ihnen dabei, sich ein genaueres Bild von Ihrem Finanzbedarf zu machen und mögliche Defizite zu identifizieren.

Wenn Sie davon ausgehen, dass die Wohnkosten im Ruhestand eine erhebliche Belastung darstellen werden, prüfen Sie Möglichkeiten zur Reduzierung dieser Ausgaben. Dies könnte bedeuten, dass Sie Ihre Hypothek vor dem Ruhestand abbezahlen, günstigere Wohnmöglichkeiten in Betracht ziehen oder zukünftige Anpassungen Ihrer Wohnsituation planen. Darüber hinaus kann die Einrichtung eines Notfallfonds speziell für wohnbezogene Ausgaben ein finanzielles Polster bieten und Ihnen helfen, unerwartete Kosten zu bewältigen.

Auch bei der Planung Ihrer Altersvorsorge kann die Beratung durch einen Finanzberater hilfreich sein, wenn es um die Berücksichtigung der Wohnkosten geht. Ein Berater kann Ihnen dabei helfen, Strategien für die Bewältigung dieser Ausgaben zu entwickeln, Optionen zur Optimierung Ihrer Wohnsituation zu erkunden und sicherzustellen, dass Ihr Finanzplan alle relevanten Faktoren berücksichtigt.

Zusammenfassend lässt sich sagen, dass eine Unterschätzung der Auswirkungen der Wohnkosten erhebliche Folgen für Ihre Altersvorsorge und finanzielle Stabilität haben kann. Durch eine genaue Einschätzung und Planung der Wohnkosten, einschließlich Hypothekenzahlungen, Grundsteuern, Instandhaltung und Nebenkosten, können Sie ein realistischeres Ruhestandsbudget entwickeln und finanzielle Belastungen vermeiden. Eine ordnungsgemäße Planung und Verwaltung der Wohnkosten ist für einen stabilen und komfortablen Ruhestand unerlässlich, damit Sie Ihre letzten Jahre ohne unnötigen finanziellen Stress genießen können.

# Veränderungen im Lebensstil im Ruhestand ignorieren

Das Ignorieren von Änderungen des Lebensstils im Ruhestand kann tiefgreifende Auswirkungen auf Ihre finanzielle Stabilität und Ihr allgemeines Wohlbefinden haben. Der Ruhestand ist nicht nur eine Lebensphase, in der Sie nicht mehr arbeiten; es ist ein Übergang, der oft erhebliche Änderungen in den täglichen Routinen, Aktivitäten und finanziellen Bedürfnissen mit sich bringt. Wenn Sie diese Änderungen des Lebensstils nicht vorhersehen und planen, kann dies zu finanziellem Stress, Unzufriedenheit und einer verminderten Lebensqualität führen. Die Berücksichtigung potenzieller Änderungen des Lebensstils ist entscheidend für einen reibungslosen und zufriedenstellenden Ruhestand.

Eine der auffälligsten Veränderungen im Lebensstil im Ruhestand ist der Wechsel von einem strukturierten Arbeitsalltag zu einem flexibleren Tagesablauf. Der Verlust eines regulären Arbeitsplatzes kann eine Leere hinterlassen, die mit sinnvollen Aktivitäten und Hobbys gefüllt werden muss. Ohne ausreichende Planung können Rentner mit Langeweile, Sinnlosigkeit oder sozialer Isolation zu kämpfen haben, was sich auf ihr geistiges und emotionales Wohlbefinden auswirken kann. Es ist wichtig, zu überlegen, wie Sie Ihre Zeit im Ruhestand verbringen werden, und Aktivitäten und soziale Kontakte aufzubauen, die Zufriedenheit und Engagement bieten.

In finanzieller Hinsicht bringt der Ruhestand oft Veränderungen im Ausgabeverhalten mit sich. Während einige Ausgaben, wie z. B. Fahrtkosten oder arbeitsbezogene Ausgaben, sinken können, können andere steigen. Rentner geben beispielsweise möglicherweise mehr für Reisen, Freizeitaktivitäten oder Hobbys aus. Auch die Gesundheitskosten, die mit zunehmendem Alter erheblich steigen können, müssen berücksichtigt werden. Die Planung dieser lebensstilbezogenen Ausgaben stellt sicher, dass Sie über die finanziellen Mittel verfügen, um Ihren gewünschten Lebensstil zu unterstützen, ohne Ihre langfristige finanzielle Stabilität zu gefährden.

Im Ruhestand ändern sich die Gesundheitsbedürfnisse normalerweise und müssen sorgfältig bedacht und geplant werden. Mit zunehmendem Alter können Sie mit höheren medizinischen Kosten konfrontiert werden, darunter Routineuntersuchungen, verschreibungspflichtige Medikamente und möglicherweise umfangreichere Gesundheitseingriffe. Das Ignorieren dieser potenziellen Kosten kann zu finanzieller Belastung und unerwarteten Ausgaben führen. Bei der Planung der Gesundheitskosten geht es nicht nur darum, die von der Krankenversicherung oder staatlichen Programmen gebotene Deckung zu verstehen, sondern auch um die Budgetierung von Eigenbeteiligungen und potenziellen langfristigen Pflegebedürfnissen.

Eine weitere bedeutende Änderung des Lebensstils ist die mögliche Notwendigkeit eines Umzugs oder einer Verkleinerung. Viele Rentner entscheiden sich für einen Umzug in ein neues Zuhause oder in eine andere geografische Gegend, die ihren Bedürfnissen oder Vorlieben besser entspricht. Dies könnte auf den Wunsch nach einem überschaubareren Zuhause, der Nähe zur Familie oder einem Klima zurückzuführen sein, das einen gewünschten Lebensstil unterstützt. Ein Umzug oder eine Verkleinerung bringt verschiedene Kosten mit sich, darunter Umzugskosten, Änderungen der Grundsteuer und möglicherweise neue Instandhaltungspflichten. Eine ordnungsgemäße Planung dieser Änderungen trägt dazu bei, sicherzustellen, dass Sie sich den Übergang leisten und sich problemlos an eine neue Lebenssituation anpassen können.

Auch soziale Veränderungen sind ein häufiger Aspekt des Ruhestands. Wenn Sie aus dem Berufsleben ausscheiden, kann sich Ihr soziales Netzwerk verändern und Sie müssen möglicherweise neue

Wege finden, um soziale Kontakte zu pflegen und aufzubauen. Neue Freundschaften zu schließen, Clubs oder Organisationen beizutreten und sich an Gemeinschaftsaktivitäten zu beteiligen, kann helfen, Isolationsgefühle zu vermeiden und zu einem erfüllten Ruhestandserlebnis beizutragen. Die sozialen Aspekte des Ruhestands zu ignorieren, kann zu Einsamkeit und verminderter Lebensqualität führen.

Der Ruhestand kann auch Veränderungen in der Familiendynamik mit sich bringen. Möglicherweise übernehmen Sie neue Rollen, beispielsweise die Pflege alternder Eltern oder die Betreuung erwachsener Kinder. Diese Verantwortungen können Ihre Zeit, Energie und Finanzen beeinträchtigen. Um diese potenziellen Änderungen zu planen, müssen Sie verstehen, wie sie sich auf Ihre Ruhestandspläne auswirken können, und bei Bedarf Anpassungen an Ihrem Budget und Zeitplan vornehmen.

Um Änderungen im Lebensstil im Ruhestand effektiv anzugehen, sollten Sie sich zunächst Ihren idealen Ruhestand vorstellen und die Aktivitäten und Erfahrungen identifizieren, die Ihnen wichtig sind. Überlegen Sie, wie Sie Ihre Zeit verbringen möchten, wo Sie leben möchten und welche sozialen Kontakte Sie pflegen oder aufbauen möchten. Entwickeln Sie einen umfassenden Ruhestandsplan, der nicht nur finanzielle Aspekte, sondern auch Überlegungen zum Lebensstil berücksichtigt.

Erstellen Sie einen detaillierten Haushaltsplan, der Ihre voraussichtlichen Ausgaben im Ruhestand widerspiegelt, einschließlich aller Änderungen im Ausgabenverhalten im Zusammenhang mit neuen Aktivitäten, Gesundheitsbedürfnissen und möglichen Umzugskosten. Berücksichtigen Sie mögliche Erhöhungen der Lebenshaltungskosten und stellen Sie sicher, dass Sie über ausreichende finanzielle Mittel verfügen, um Ihren gewünschten Lebensstil zu unterstützen.

Denken Sie außerdem darüber nach, wie Sie Ihre Zeit einteilen und engagiert bleiben. Planen Sie Hobbys, ehrenamtliche Arbeit oder andere Aktivitäten, die Ihnen Sinn und Zufriedenheit vermitteln. Erkunden Sie Möglichkeiten, sozial verbunden zu bleiben und sich in Ihrer Gemeinde zu engagieren, um ein starkes soziales Netzwerk aufrechtzuerhalten.

Auch die Beratung durch einen Finanzberater kann wertvolle Unterstützung bei der Bewältigung von Veränderungen im Lebensstil bieten. Ein Berater kann Ihnen dabei helfen, Ihre finanzielle Bereitschaft für den Ruhestand einzuschätzen, die voraussichtlichen Lebenshaltungskosten zu planen und Ihre Ruhestandsstrategie nach Bedarf anzupassen. Er kann Ihnen auch Hinweise zur Verwaltung der Gesundheitskosten und zur Vorbereitung auf mögliche Veränderungen Ihrer Lebenssituation geben.

Zusammenfassend kann das Ignorieren von Änderungen des Lebensstils im Ruhestand zu finanziellen Schwierigkeiten, Unzufriedenheit und einer verminderten Lebensqualität führen. Indem Sie diese Änderungen vorhersehen und einplanen, einschließlich Änderungen der täglichen Routine, des Ausgabeverhaltens, des Gesundheitsbedarfs und der sozialen Kontakte, können Sie einen umfassenderen und erfüllenderen Ruhestandsplan erstellen. Wenn Sie diese Aspekte berücksichtigen, können Sie einen stabilen und zufriedenstellenden Ruhestand genießen und das Beste aus dieser neuen Lebensphase machen.

# Fehlende Planung der erforderlichen Mindestausschüttungen

Wenn Sie keine erforderlichen Mindestausschüttungen (RMDs) einplanen, kann dies zu unbeabsichtigten Steuerfolgen und finanziellen Ineffizienzen führen, insbesondere wenn Sie erhebliche Altersvorsorgeersparnisse in steuerfreien Konten wie Renten oder Altersvorsorgeplänen haben. RMDs sind die Mindestbeträge, die von bestimmten Arten von Altersvorsorgekonten abgehoben werden müssen, sobald Sie ein bestimmtes Alter erreichen. Wenn Sie diese Abhebungen nicht richtig verwalten, kann dies zu unnötigen Steuerverbindlichkeiten und einer verringerten finanziellen Flexibilität während des Ruhestands führen.

Die RMD-Pflicht beginnt im Allgemeinen mit Erreichen eines bestimmten Alters, das je nach den spezifischen Bestimmungen des Landes variieren kann. In vielen Ländern liegt das Alter, ab dem RMDs gezahlt werden müssen, bei 70 oder 72 Jahren, aber dies kann je nach lokalem Recht unterschiedlich sein. Wenn Sie diese Auszahlungen nicht wie vorgeschrieben vornehmen, kann dies zu hohen Strafen führen, die oft einen Prozentsatz des Betrags ausmachen, der hätte abgehoben werden sollen. Diese Strafen können Ihre Altersvorsorge erheblich reduzieren und zusätzliche finanzielle Belastungen verursachen.

Eine der Hauptfolgen einer fehlenden RMD-Planung ist das Potenzial für unerwartete Steuerverbindlichkeiten. RMDs gelten im Allgemeinen als steuerpflichtiges Einkommen, und der abgehobene Betrag muss für Steuerzwecke in Ihr Jahreseinkommen einbezogen werden. Wenn Sie nicht auf diese Abhebungen vorbereitet sind, kann es sein, dass Sie mit einer höheren Steuerrechnung als erwartet konfrontiert werden, was Ihre gesamte Finanzstrategie beeinträchtigen kann. Zu einer ordnungsgemäßen Planung gehört es, die

Auswirkungen von RMDs auf Ihre Steuersituation abzuschätzen und Ihre Abhebungen und andere finanzielle Entscheidungen entsprechend anzupassen.

Ein weiteres Problem, das auftritt, wenn Sie RMDs nicht planen, sind die möglichen Auswirkungen auf Ihre langfristigen Altersvorsorgeersparnisse. Wenn Sie Ihre RMDs nicht effektiv verwalten, ziehen Sie möglicherweise mehr ab als nötig, was Ihr Altersvorsorgekonto verkleinern und das Wachstumspotenzial Ihrer Investitionen mindern kann. Wenn Sie hingegen nicht genug abheben, um die Mindestanforderungen zu erfüllen, drohen Ihnen möglicherweise erhebliche Strafen und zusätzliche Steuerbelastungen. Um die langfristige finanzielle Stabilität aufrechtzuerhalten, ist es wichtig, diese Abhebungen so auszugleichen, dass Sie die Vorschriften einhalten und gleichzeitig Ihre Altersvorsorge erhalten.

Darüber hinaus kann eine unsachgemäße Planung von RMDs Ihre gesamte Renteneinkommensstrategie beeinträchtigen. RMDs können Ihren Cashflow-Bedarf beeinflussen und sich darauf auswirken, wie Sie Ihre Investitionen verteilen. Wenn Sie beispielsweise mehr Geld abheben müssen, um die RMD-Anforderungen zu erfüllen, sind Sie möglicherweise gezwungen, Investitionen zu einem ungünstigen Zeitpunkt zu verkaufen, was möglicherweise zu geringeren Renditen oder Kapitalertragssteuern führt. Eine sorgfältige Planung ermöglicht es Ihnen, Ihre RMDs mit Ihrer allgemeinen Anlagestrategie abzustimmen und die Auswirkungen auf Ihr Portfolio zu minimieren.

Um diese Probleme zu vermeiden, ist es wichtig, die RMD-Regeln und -Anforderungen Ihres Landes zu verstehen. Bestimmen Sie zunächst das Alter, in dem RMDs beginnen müssen, und berechnen Sie die erforderlichen Mindestbeträge auf der Grundlage Ihrer Altersvorsorgekonten. Viele Finanzinstitute bieten RMD-Rechner oder Arbeitsblätter an, mit denen Sie die Beträge schätzen können, die Sie abheben müssen.

Integrieren Sie die RMD-Planung in Ihre allgemeine Ruhestandsstrategie, indem Sie berücksichtigen, wie sich diese Ausschüttungen auf Ihre Steuersituation und Ihre finanziellen Ziele auswirken. Überprüfen Sie Ihre Ruhestandskonten regelmäßig, um sicherzustellen, dass Sie die RMD-Anforderungen erfüllen, und passen Sie Ihre Abhebungen nach Bedarf an, um die Vorschriften einzuhalten. Erwägen Sie außerdem die Zusammenarbeit mit einem Finanzberater oder Steuerfachmann, der Sie bei der Verwaltung von RMDs und der Optimierung Ihrer Ruhestandseinkommensstrategie beraten kann.

Informieren Sie sich über Möglichkeiten, die steuerlichen Auswirkungen von RMDs zu minimieren. Sie könnten beispielsweise Strategien wie steuereffiziente Abhebungen, wohltätige Spenden oder die Verwendung steuerfreier Konten zur Verwaltung Ihres steuerpflichtigen Einkommens in Betracht ziehen. Einige Länder bieten Steuervorteile für wohltätige Spenden, die direkt von Rentenkonten getätigt werden. Dies kann dazu beitragen, Ihr steuerpflichtiges Einkommen zu senken und gleichzeitig Ihren RMD-Anforderungen nachzukommen.

Zusammenfassend kann das Versäumnis, die erforderlichen Mindestausschüttungen einzuplanen, zu unerwarteten Steuerverbindlichkeiten, geringeren Altersvorsorgeersparnissen und finanziellen Ineffizienzen führen. Wenn Sie die RMD-Regeln verstehen, die erforderlichen Beträge berechnen und die RMD-Planung in Ihre allgemeine Altersvorsorgestrategie integrieren, können Sie diese Ausschüttungen effektiv verwalten und langfristig finanzielle Stabilität aufrechterhalten. Eine ordnungsgemäße Planung stellt sicher, dass Sie die gesetzlichen Anforderungen erfüllen, Ihre Steuersituation optimieren und Ihre Altersvorsorge für einen sicheren und erfüllenden Ruhestand bewahren.

# Keine klaren Ruhestandsziele festlegen

Wenn Sie keine klaren Ruhestandsziele festlegen, kann dies zu Unsicherheit, verpassten Gelegenheiten und einem Mangel an Orientierung bei Ihrer Ruhestandsplanung führen. Klare Ziele bieten einen Leitfaden für fundierte finanzielle Entscheidungen, leiten Ihre Sparstrategien und helfen Ihnen, einen erfüllten und sicheren Ruhestand zu erreichen. Ohne klar definierte Ziele kann es Ihnen schwerfallen, auf Kurs zu bleiben, finanzielle Engpässe zu erleben oder nicht das Beste aus Ihren Ruhestandsjahren zu machen.

Einer der Hauptgründe für das Setzen klarer Ruhestandsziele ist, eine konkrete Vision davon zu entwickeln, was Sie im Ruhestand erreichen möchten. Dazu gehört die Definition Ihres gewünschten Lebensstils, Ihrer Wohnsituation, Ihrer Aktivitäten und Ihrer finanziellen Bedürfnisse. Ohne eine klare Vision kann es für Sie schwierig sein, einen umfassenden Ruhestandsplan zu entwickeln, der Ihren Erwartungen und Bestrebungen entspricht. Durch das Setzen spezifischer Ziele können Sie Ihre Ersparnisse priorisieren, Ressourcen effektiv zuweisen und fundierte Entscheidungen darüber treffen, wie Sie Ihre Ruhestandsjahre verbringen möchten.

Klare Ruhestandsziele helfen auch dabei, zu bestimmen, wie viel Sie sparen und investieren müssen, um Ihren gewünschten Lebensstil im Ruhestand zu erreichen. Indem Sie Ihre finanziellen Bedürfnisse und Ziele identifizieren, können Sie die Höhe der Ersparnisse abschätzen, die zur Unterstützung Ihrer Pläne erforderlich sind. Dazu müssen Sie Ihre voraussichtlichen Ausgaben berechnen, z. B. für Wohnen, Gesundheitsversorgung, Reisen und Freizeitaktivitäten, und bestimmen, wie viel Sie sparen müssen, um diese Kosten zu decken. Ohne klare Ziele sparen Sie möglicherweise entweder zu viel, was zu unnötigen Einbußen in Ihrem aktuellen Lebensstil führt, oder Sie sparen zu wenig und riskieren finanzielle Unsicherheit im Ruhestand.

Darüber hinaus können Sie durch konkrete Ruhestandsziele einen strukturierten und umsetzbaren Sparplan erstellen. Ziele motivieren und geben Ihnen ein Gefühl der Zielstrebigkeit, sodass Sie Ihrer Sparstrategie leichter treu bleiben. Sie helfen Ihnen, Meilensteine zu setzen und Ihren Fortschritt zu verfolgen, sodass Sie bei Bedarf Anpassungen vornehmen und auf Kurs bleiben können. Ohne klare Ziele kann es schwierig sein, Disziplin und Konzentration aufrechtzuerhalten, was zu Inkonsistenzen bei Ihren Sparbemühungen und möglichen Verzögerungen beim Erreichen Ihrer Ruhestandsziele führen kann.

Das Setzen klarer Ziele hilft auch bei der Bewertung und Auswahl geeigneter Anlagestrategien. Unterschiedliche Ruhestandsziele können unterschiedliche Anlageansätze erfordern. Wenn Ihr Ziel beispielsweise darin besteht, früher in den Ruhestand zu gehen, müssen Sie möglicherweise eine aggressivere Anlagestrategie verfolgen, um die erforderlichen Mittel anzusparen. Wenn Ihr Ziel hingegen darin besteht, später in den Ruhestand zu gehen und einen konservativeren Lebensstil zu genießen, ist möglicherweise ein anderer Anlageansatz geeigneter. Klare Ziele bieten den Rahmen für diese strategischen Entscheidungen und stellen sicher, dass Ihre Investitionen mit Ihren Ruhestandsplänen übereinstimmen.

Darüber hinaus erleichtern klar definierte Ruhestandsziele die Entscheidungsfindung in Bezug auf Lebensstil und finanzielle Prioritäten. Wenn Sie beispielsweise im Ruhestand viel reisen möchten, müssen Sie möglicherweise mehr für Reisekosten einplanen und andere Ausgabenprioritäten anpassen. Wenn Sie hingegen Ihr Haus verkleinern und die Lebenshaltungskosten senken möchten, können Sie die damit verbundenen Kosten und Vorteile einplanen. Klare Ziele helfen Ihnen, fundierte Entscheidungen zu treffen und sicherzustellen, dass Ihre Ruhestandspläne realistisch und umsetzbar sind.

Wenn Sie keine klaren Ruhestandsziele festlegen, können Sie auch Chancen zur Optimierung Ihrer Altersvorsorge und Anlagestrategien verpassen. Ziele helfen Ihnen, Möglichkeiten wie steuereffiziente Anlagekonten, betriebliche Altersvorsorgepläne und andere Finanzinstrumente zu erkennen und zu nutzen. Ohne konkrete Ziele übersehen Sie diese Möglichkeiten möglicherweise oder nutzen sie nicht effektiv, was möglicherweise Ihre langfristige finanzielle Sicherheit beeinträchtigt.

Um klare Ruhestandsziele festzulegen, stellen Sie sich zunächst Ihren idealen Ruhestand vor und legen Sie fest, was Sie erreichen möchten. Berücksichtigen Sie Faktoren wie Ihren gewünschten Lebensstil, Ihre Wohnsituation, Reisepläne und andere Aktivitäten, die Ihnen wichtig sind. Bewerten Sie Ihren finanziellen Bedarf und schätzen Sie die mit Ihren Zielen verbundenen Kosten. Entwickeln Sie einen Spar- und Investitionsplan, der Ihren Zielen entspricht und einen Fahrplan für das Erreichen Ihrer gewünschten Ruhestandsergebnisse bietet.

Überprüfen und aktualisieren Sie Ihre Ruhestandsziele regelmäßig, um Änderungen Ihrer Umstände, Prioritäten und finanziellen Situation Rechnung zu tragen. Lebensereignisse wie Heirat, Scheidung, Geburt von Kindern oder gesundheitliche Veränderungen können Ihre Ziele beeinflussen und Anpassungen Ihres Ruhestandsplans erforderlich machen. Indem Sie flexibel bleiben und Ihre Ziele nach Bedarf anpassen, können Sie sicherstellen, dass Ihre Ruhestandspläne relevant und erreichbar bleiben.

Auch die Beratung durch einen Finanzberater kann Ihnen wertvolle Hilfe bei der Festlegung und Erreichung Ihrer Ruhestandsziele bieten. Ein Berater kann Ihnen dabei helfen, Ihre finanzielle Situation einzuschätzen, Ihre Ziele zu definieren und einen umfassenden Plan zu entwickeln, um diese zu erreichen. Er kann Sie zu Anlagestrategien, Sparplänen und anderen Aspekten der Ruhestandsplanung beraten und Ihnen dabei helfen, fundierte Entscheidungen zu treffen und auf Kurs zu bleiben.

Zusammenfassend kann das Fehlen klarer Ruhestandsziele zu Unsicherheit, verpassten Gelegenheiten und finanziellen Herausforderungen führen. Indem Sie Ihre Ziele definieren und einen strukturierten Plan zu ihrer Erreichung erstellen, können Sie sicherstellen, dass Ihr Ruhestand erfüllend und sicher ist. Klare Ziele bieten Orientierung, Motivation und einen Rahmen für fundierte finanzielle Entscheidungen und helfen Ihnen, Ihre Ersparnisse, Investitionen und Lebensstilentscheidungen zu optimieren. Sich die Zeit zu nehmen, Ihre Ruhestandsziele festzulegen und zu überprüfen, ist für einen erfolgreichen und angenehmen Ruhestand unerlässlich.

# Den Wert kontinuierlichen Lernens übersehen

Wenn Sie den Wert kontinuierlichen Lernens übersehen, kann dies erhebliche Auswirkungen auf Ihre Erfahrung im Ruhestand und Ihr allgemeines Wohlbefinden haben. Kontinuierliches Lernen – der Prozess, ständig neue Fähigkeiten zu entwickeln, Wissen zu erwerben und intellektuell aktiv zu bleiben – kann Ihre Lebensqualität erheblich steigern, insbesondere im Ruhestand. Wenn Sie diesen Aspekt der persönlichen Entwicklung ignorieren, kann dies zu verpassten Wachstumschancen, einer Verschlechterung der psychischen Gesundheit und einer geringeren Zufriedenheit in Ihren Ruhestandsjahren führen.

Einer der Hauptvorteile des kontinuierlichen Lernens ist der positive Einfluss auf die geistige Gesundheit und die kognitiven Funktionen. Lebenslanges Lernen hilft, Ihren Geist aktiv und scharf zu halten, was im Alter von entscheidender Bedeutung ist. Studien haben gezeigt, dass die geistige Anregung durch Lernaktivitäten dazu beitragen kann, den kognitiven Abbau zu verzögern und das Risiko der Entwicklung von Erkrankungen wie Demenz und Alzheimer zu verringern. Indem Sie Ihr Gehirn kontinuierlich mit neuen Informationen und Fähigkeiten herausfordern, können Sie Ihre kognitive Vitalität bewahren und die allgemeine Gesundheit Ihres Gehirns während des Ruhestands fördern.

Kontinuierliches Lernen trägt auch zum persönlichen Wachstum und zur Selbstverwirklichung bei. Der Ruhestand bietet oft die Möglichkeit, neue Interessen und Leidenschaften zu erkunden, die während Ihrer Berufsjahre nicht möglich waren. Ob Sie eine neue Sprache lernen, ein Musikinstrument erlernen oder ein neues Hobby beginnen, diese Aktivitäten können ein Gefühl der Leistung und Freude vermitteln. Das Verfolgen neuer Interessen kann auch ein

Gefühl von Sinn und Zufriedenheit vermitteln, was wichtig ist, um eine positive Einstellung und ein allgemeines Wohlbefinden aufrechtzuerhalten.

Darüber hinaus kann kontinuierliches Lernen Ihre sozialen Interaktionen und Beziehungen verbessern. Viele Lernmöglichkeiten, wie Kurse, Workshops oder Gruppenaktivitäten, beinhalten soziale Interaktion und Zusammenarbeit mit anderen. Diese Erfahrungen können Ihnen helfen, neue Freundschaften zu schließen, bestehende Beziehungen zu stärken und sozial engagiert zu bleiben. Soziale Verbindungen sind für emotionale Unterstützung und die Verringerung von Isolationsgefühlen von entscheidender Bedeutung, was besonders im Ruhestand wichtig sein kann, wenn sich die sozialen Kreise ändern können.

Neben den persönlichen Vorteilen kann kontinuierliches Lernen auch praktische Vorteile haben. Der Erwerb neuer Fähigkeiten und Kenntnisse kann Türen zu neuen Möglichkeiten öffnen, sei es im Zusammenhang mit Teilzeitarbeit, ehrenamtlichen Tätigkeiten oder persönlichen Projekten. So kann Ihnen das Erlernen neuer Technologiekenntnisse beispielsweise ermöglichen, an Gemeinschaftsinitiativen mitzuwirken oder freiberufliche Tätigkeiten auszuüben. Indem Sie über neue Entwicklungen und Trends auf dem Laufenden bleiben, können Sie anpassungsfähig bleiben und auf Veränderungen reagieren und so Ihre Fähigkeit verbessern, sich mit der Welt um Sie herum auseinanderzusetzen.

Kontinuierliches Lernen hilft Ihnen auch, intellektuell neugierig und engagiert zu bleiben. Es fördert den Sinn für Erkundung und Entdeckung und ermutigt Sie, nach neuen Erfahrungen und Perspektiven zu suchen. Diese intellektuelle Neugier kann zu einem reicheren und vielfältigeren Ruhestandserlebnis führen, da Sie sich weiterhin selbst herausfordern und Ihren Horizont erweitern. Wenn Sie sich eine Einstellung des lebenslangen Lernens zu eigen machen, bleiben Sie aktiv und engagiert und tragen zu einem erfüllteren und dynamischeren Ruhestand bei.

Um kontinuierliches Lernen in Ihren Ruhestand zu integrieren, sollten Sie zunächst Interessengebiete oder Themen identifizieren, die Sie schon immer erkunden wollten. Erwägen Sie die Teilnahme an Kursen, Workshops oder Online-Lernplattformen, die Ihren Interessen entsprechen. Viele Bildungseinrichtungen und Gemeinschaftsorganisationen bieten Programme an, die speziell für Rentner konzipiert sind und Möglichkeiten zum Lernen und zur sozialen Interaktion bieten.

Setzen Sie sich persönliche Lern- und Entwicklungsziele und erstellen Sie einen Plan, um diese zu erreichen. Dazu kann gehören, dass Sie jede Woche Zeit für Lernaktivitäten einplanen, Clubs oder Gruppen beitreten, die Ihren Interessen entsprechen, oder formale Bildungsangebote wahrnehmen. Bewerten Sie regelmäßig Ihren Fortschritt und passen Sie Ihre Lernziele nach Bedarf an, um motiviert und engagiert zu bleiben.

Suchen Sie außerdem nach Ressourcen und Tools, die lebenslanges Lernen unterstützen. Viele Online-Plattformen, Bibliotheken und Gemeindezentren bieten eine Fülle von Lehrmaterialien und -möglichkeiten. Erkunden Sie diese Ressourcen, um Lernerfahrungen zu finden, die bei Ihnen Anklang finden und zu Ihrer persönlichen Entwicklung beitragen.

Zusammenfassend lässt sich sagen, dass das Übersehen des Werts des kontinuierlichen Lernens Ihr Potenzial für persönliches Wachstum, geistige Anregung und allgemeine Zufriedenheit im Ruhestand einschränken kann. Indem Sie sich eine Einstellung des lebenslangen Lernens zu eigen machen, können Sie Ihre kognitive Gesundheit verbessern, neue Interessen erkunden, soziale Kontakte knüpfen und intellektuell engagiert bleiben. Die Einbeziehung des kontinuierlichen Lernens in Ihre Ruhestandsplanung trägt zu einer reicheren, erfüllenderen Erfahrung bei und unterstützt Ihr allgemeines

Wohlbefinden, während Sie sich durch diese neue Lebensphase navigieren.

# Zu starkes Vertrauen in die Vererbung

Wenn Sie sich zu sehr auf Erbschaften als Hauptbestandteil Ihrer Altersvorsorge verlassen, kann dies zu erheblicher finanzieller Unsicherheit und potenzieller Enttäuschung führen. Erbschaften sind zwar oft ein wertvolles Vermögen, sollten jedoch nicht der Eckpfeiler Ihrer Altersvorsorgestrategie sein. Wenn Sie sich zu sehr auf die Erwartung einer Erbschaft verlassen, kann dies zu mehreren Risiken und Herausforderungen führen und möglicherweise Ihre finanzielle Sicherheit und Ihre Altersvorsorge insgesamt gefährden.

Eines der Hauptprobleme, wenn man stark von Erbschaften abhängig ist, ist die Unsicherheit, die mit deren Realisierung einhergeht. Zeitpunkt, Höhe und Bedingungen einer Erbschaft können unvorhersehbar sein und verschiedenen Faktoren unterliegen, die außerhalb Ihrer Kontrolle liegen. So können sich beispielsweise Änderungen der finanziellen Situation des Erben, Rechtsstreitigkeiten oder unvorhergesehene Ausgaben auf die Höhe und den Zeitpunkt der Erbschaft auswirken. Diese Unsicherheit kann zu einer prekären finanziellen Situation führen, wenn Sie Ihre Altersvorsorge auf der Erwartung des Erhalts dieser Mittel aufgebaut haben.

Darüber hinaus kann es zu einer unzureichenden Planung Ihrer eigenen finanziellen Bedürfnisse führen, wenn Sie sich auf eine Erbschaft verlassen. Wenn Sie davon ausgehen, dass eine Erbschaft einen wesentlichen Teil Ihrer Ausgaben für den Ruhestand abdeckt, vernachlässigen Sie möglicherweise das Sparen und Investieren während Ihrer Berufsjahre. Dies kann dazu führen, dass Sie nicht über ausreichende Mittel verfügen, um Ihren gewünschten Lebensstil zu unterstützen, und Sie sind anfällig für finanzielle Engpässe, wenn die Erbschaft nicht wie erwartet ausfällt.

Ein weiteres potenzielles Problem ist, dass das Erbe möglicherweise nicht ganz Ihren Bedürfnissen oder Erwartungen entspricht. Selbst wenn Sie eine Erbschaft erhalten, ist diese möglicherweise nicht so groß wie erwartet oder mit Bedingungen verbunden, die ihre Verwendung einschränken. Dies kann zu finanziellen Belastungen führen und Sie dazu zwingen, Ihre Altersvorsorge oder Ihren Lebensstil auf eine Weise anzupassen, die ursprünglich nicht vorgesehen war.

Eine übermäßige Abhängigkeit von Erbschaften kann sich auch auf Ihre finanzielle Unabhängigkeit und Entscheidungsfindung auswirken. Wenn Sie darauf zählen, dass eine Erbschaft einen erheblichen Teil Ihres Ruhestandseinkommens abdeckt, treffen Sie möglicherweise weniger umsichtige oder riskantere Finanzentscheidungen, weil Sie glauben, dass die Erbschaft etwaige Defizite ausgleichen wird. Diese Denkweise kann zu schlechten Investitionsentscheidungen, übermäßigen Ausgaben oder anderen Finanzverhalten führen, die Ihre langfristige Stabilität gefährden können.

Um diese Risiken zu mindern, ist es wichtig, einen umfassenden Ruhestandsplan zu entwickeln, der nicht nur auf der Erwartung einer Erbschaft beruht. Konzentrieren Sie sich darauf, Ihre eigene finanzielle Sicherheit durch regelmäßiges Sparen, Investitionen und umsichtiges Finanzmanagement aufzubauen. Entwickeln Sie eine klare Ruhestandsstrategie, die die Einrichtung eines Notfallfonds, die Planung der Gesundheitskosten und die Diversifizierung Ihres Anlageportfolios umfasst, um sicherzustellen, dass Sie auf verschiedene Szenarien vorbereitet sind.

Besprechen Sie Erbschaftspläne mit Ihrer Familie und Ihrem Finanzberater, um ein klareres Verständnis davon zu bekommen, was Sie erwartet. Eine offene Kommunikation über finanzielle Angelegenheiten kann Ihnen helfen, Erwartungen zu steuern und effektiver zu planen. Darüber hinaus kann die Zusammenarbeit mit einem Finanzberater wertvolle Einblicke und Strategien für die Verwaltung Ihrer Altersvorsorge liefern und sicherstellen, dass Sie gut auf die Zukunft vorbereitet sind.

Zusammenfassend lässt sich sagen, dass es zu finanzieller Instabilität und Enttäuschung führen kann, wenn Sie sich zu sehr auf

Erbschaften als Eckpfeiler Ihrer Altersvorsorge verlassen. Indem Sie sich auf den Aufbau Ihrer eigenen finanziellen Ressourcen und die Entwicklung einer umfassenden Altersvorsorgestrategie konzentrieren, können Sie Ihre Abhängigkeit von unsicheren Faktoren verringern und einen sichereren und zufriedenstellenderen Ruhestand sicherstellen.

# Missverständnisse über die Rolle von Annuitäten

Ein falsches Verständnis der Rolle von Renten kann zu suboptimalen finanziellen Entscheidungen und verpassten Gelegenheiten zur Verbesserung der Altersvorsorge führen. Renten sind Finanzprodukte, die einen stetigen Einkommensstrom, häufig für den Ruhestand, bieten sollen. Aufgrund ihrer Komplexität und Vielfalt kann es jedoch schwierig sein, sie vollständig zu verstehen. Ohne ein klares Verständnis übersehen Einzelpersonen möglicherweise entweder die Vorteile von Renten oder missbrauchen sie auf eine Weise, die nicht mit ihren finanziellen Zielen übereinstimmt.

Renten gibt es in verschiedenen Formen, darunter Fest-, variable und Sofortrenten, jede mit ihren eigenen Merkmalen und Vorteilen. Eine Festrente bietet eine garantierte Rendite und regelmäßige Einkommenszahlungen für einen bestimmten Zeitraum oder für den Rest des Lebens des Rentenempfängers. Eine variable Rente ermöglicht die Investition in verschiedene Wertpapiere, wobei die Einkommenszahlungen je nach Performance der zugrunde liegenden Anlagen variieren. Eine Sofortrente beginnt mit der Auszahlung fast unmittelbar nach der Anlage eines Pauschalbetrags, während eine aufgeschobene Rente die Zahlungen zu einem späteren Zeitpunkt beginnt. Wenn Sie diese Arten falsch verstehen, kann dies dazu führen, dass Sie eine Rente wählen, die Ihren Bedürfnissen oder Erwartungen nicht entspricht.

Ein weit verbreitetes Missverständnis über Renten ist, dass sie eine Einheitslösung für das Ruhestandseinkommen sind. In Wirklichkeit sollten Renten auf der Grundlage individueller finanzieller Ziele, Risikobereitschaft und Ruhestandsbedürfnisse ausgewählt werden. Feste Renten beispielsweise können vorhersehbares Einkommen und Sicherheit bieten, bieten aber möglicherweise niedrigere Renditen als andere Anlageoptionen. Auf der anderen Seite bieten variable Renten das Potenzial für höhere Renditen, sind jedoch mit einem höheren Anlagerisiko und einer höheren Komplexität verbunden. Ein Missverständnis dieser Nuancen kann dazu führen, dass Sie eine Rente wählen, die nicht das gewünschte Gleichgewicht zwischen Risiko und Rendite bietet.

Ein weiteres Missverständnis betrifft die mit Renten verbundenen Gebühren und Kosten. Renten sind oft mit verschiedenen Gebühren verbunden, darunter Verwaltungsgebühren, Sterblichkeits- und Kostengebühren sowie Anlageverwaltungsgebühren. Diese Gebühren können die Gesamtrendite der Anlage verringern und sich auf den erzielten Nettoertrag auswirken. Wenn diese Gebühren nicht erkannt und berücksichtigt werden, kann dies zu unerwarteten Kosten und geringeren finanziellen Vorteilen führen.

Manche Personen verstehen möglicherweise auch die Liquiditätsbeschränkungen von Renten nicht. Renten sind im Allgemeinen für eine langfristige Einkommenssicherheit ausgelegt, und der Zugriff auf die Mittel vor Ablauf der Rentenlaufzeit kann zu Strafen oder geringeren Erträgen führen. Wenn Sie für Notfälle oder andere Bedürfnisse auf einen Teil Ihrer Ersparnisse zugreifen müssen, kann eine zu starke Abhängigkeit von Renten Ihre finanzielle Flexibilität einschränken. Es ist wichtig, die Verwendung von Renten mit anderen liquiden Investitionen abzuwägen, um sicherzustellen, dass Sie bei Bedarf ausreichenden Zugang zu Mitteln haben.

Darüber hinaus wird die Rolle von Renten in der Nachlassplanung oft missverstanden. Obwohl Renten ein verlässliches Einkommen bieten können, bieten sie nicht immer günstige Vorteile für die Nachlassplanung. Einige Renten geben keine Vorteile an die Erben weiter, da die Zahlungen mit dem Tod des Rentenempfängers eingestellt werden, sofern keine besonderen Bestimmungen getroffen wurden. Zu verstehen, wie Renten in Ihre allgemeine Nachlassplanung passen, ist entscheidend, um sicherzustellen, dass Ihr Vermögen gemäß Ihren Wünschen verteilt wird.

Um Renten effektiv nutzen zu können, sollten Sie sich zunächst gründlich über ihre Merkmale informieren und wissen, wie sie mit Ihren finanziellen Zielen harmonieren. Bewerten Sie Ihren Ruhestandsbedarf, einschließlich Einkommensanforderungen, Risikobereitschaft und Liquiditätsbedarf, und überlegen Sie, wie Renten andere Anlagestrategien ergänzen können. Informieren Sie sich über die verschiedenen Arten von Renten, die damit verbundenen Gebühren und ihre Auswirkungen auf Ihre gesamte Finanzplanung.

Auch die Beratung durch einen Finanzberater kann hilfreich sein, um die für Ihre Situation richtige Rente zu verstehen und auszuwählen. Ein Berater kann Ihnen Einblicke in die Vor- und Nachteile verschiedener Renten geben, Ihnen dabei helfen, ihre Eignung anhand Ihrer finanziellen Ziele zu beurteilen und sicherzustellen, dass Sie sich aller damit verbundenen Kosten und Auswirkungen bewusst sind.

Zusammenfassend kann ein Missverständnis der Rolle von Renten zu schlechten finanziellen Entscheidungen und verpassten Gelegenheiten zur Verbesserung der Altersvorsorge führen. Indem Sie sich ein klares Verständnis der verschiedenen Arten von Renten, ihrer Vorteile und ihrer Einschränkungen verschaffen, können Sie fundierte Entscheidungen treffen, die Ihren finanziellen Zielen entsprechen. Die richtige Integration von Renten in Ihre Altersvorsorgestrategie kann wertvolle Einkommensstabilität bieten und zu einem sicheren und erfüllenden Ruhestand beitragen.

# Keine Anpassung an die Marktvolatilität

Wenn Sie die Marktvolatilität nicht berücksichtigen, kann dies Ihre Altersvorsorge und Ihre finanzielle Stabilität erheblich beeinträchtigen. Marktvolatilität bezieht sich auf die Schwankungen der Anlagepreise aufgrund verschiedener wirtschaftlicher, politischer und finanzieller Faktoren. Obwohl diese Schwankungen ein natürlicher Bestandteil des Investierens sind, kann es zu unerwarteten Verlusten, geringeren Erträgen und einem erhöhten finanziellen Risiko führen, wenn Sie nicht auf sie vorbereitet sind, insbesondere wenn Sie kurz vor dem Ruhestand stehen oder in den Ruhestand gehen.

Eines der Hauptrisiken, wenn Sie keine Anpassungen an die Marktvolatilität vornehmen, besteht darin, dass Ihr Anlageportfolio erhebliche Verluste erleiden kann. Rentner verlassen sich oft darauf, dass ihre Anlagekonten während des Ruhestands Einkommen und Wachstum bieten. Wenn Ihr Portfolio ohne angemessene Diversifizierung oder Risikomanagement stark volatilen Vermögenswerten ausgesetzt ist, können Marktabschwünge zu erheblichen Verlusten führen. Diese Verluste können Ihre Altersvorsorge schmälern, Ihre Fähigkeit beeinträchtigen, Ihren gewünschten Lebensstil beizubehalten, und möglicherweise Anpassungen Ihrer Ausgaben- oder Altersvorsorgepläne erforderlich machen.

Eine weitere Folge der Vernachlässigung der Anpassung an die Marktvolatilität ist das erhöhte Risiko des Renditerisikos. Das Renditerisiko bezieht sich auf die Auswirkungen negativer Marktrenditen zu Beginn des Ruhestands auf die Langlebigkeit Ihres Portfolios. Wenn Sie während eines Marktabschwungs Geld aus einem Anlageportfolio abziehen, kann dies die Erschöpfung Ihrer Ersparnisse beschleunigen. Wenn Ihr Portfolio zu Beginn des Ruhestands erhebliche Verluste erleidet, kann es sich möglicherweise nur schwer erholen, was zu einem höheren Risiko führt, dass Ihnen später die Mittel ausgehen.

Darüber hinaus kann eine fehlende Anpassung an die Marktvolatilität in Zeiten von Marktturbulenzen zu schlechten Entscheidungen führen. Bei Marktabschwüngen kann die Versuchung groß sein, emotional zu reagieren und übereilte Anlageentscheidungen zu treffen, wie z. B. den Verkauf von Vermögenswerten mit Verlust oder die Umschichtung in weniger riskante Anlagen. Solche Entscheidungen können Verluste nach sich ziehen und möglicherweise zukünftige Markterholungen verpassen. Eine angemessene Anpassung an die Marktvolatilität beinhaltet die Beibehaltung einer disziplinierten Anlagestrategie und die Vermeidung emotionaler Reaktionen auf kurzfristige Marktbewegungen.

Um die Marktvolatilität effektiv zu steuern, ist es wichtig, eine diversifizierte Anlagestrategie umzusetzen. Bei der Diversifizierung werden Ihre Investitionen auf verschiedene Anlageklassen, Sektoren und geografische Regionen verteilt, um die Auswirkungen der schlechten Performance einer einzelnen Investition auf Ihr Gesamtportfolio zu verringern. Durch Diversifizierung können Sie das mit Marktschwankungen verbundene Risiko mindern und die Stabilität Ihrer Anlagerenditen verbessern.

Eine weitere wichtige Strategie besteht darin, eine angemessene Vermögensaufteilung auf der Grundlage Ihrer Risikobereitschaft, Ihrer Anlageziele und Ihres Zeithorizonts beizubehalten. Wenn Sie sich dem Ruhestand nähern, ist es im Allgemeinen ratsam, das Engagement in risikoreichen Anlagen zu reduzieren und die Zuteilungen in stabilere, einkommensgenerierende Vermögenswerte wie Anleihen oder Barmitteläquivalente zu erhöhen. Diese Anpassung kann dazu beitragen, die Auswirkungen der Marktvolatilität auf Ihr Portfolio zu verringern und vorhersehbarere Renditen zu erzielen.

Um die Marktvolatilität zu steuern, ist es auch wichtig, Ihr Anlageportfolio regelmäßig zu überprüfen und neu auszubalancieren.

Im Laufe der Zeit können Marktschwankungen dazu führen, dass Ihre Vermögensallokation von Ihrer beabsichtigten Strategie abweicht. Beim Neubalancieren wird Ihr Portfolio wieder an die Zielallokation angepasst, um sicherzustellen, dass Sie das angemessene Risiko- und Renditeniveau beibehalten. Dieser Prozess hilft, die Volatilität zu steuern und Ihre Anlagestrategie an Ihren finanziellen Zielen auszurichten.

Darüber hinaus kann eine gut definierte Auszahlungsstrategie dazu beitragen, die Auswirkungen der Marktvolatilität abzumildern. Die Festlegung eines systematischen Ansatzes für die Auszahlung von Geldern aus Ihrem Portfolio, beispielsweise die Verwendung einer nachhaltigen Auszahlungsrate, kann für Stabilität sorgen und das Risiko verringern, dass Ihre Ersparnisse bei Marktabschwüngen aufgebraucht werden. Erwägen Sie die Zusammenarbeit mit einem Finanzberater, um eine Auszahlungsstrategie zu entwickeln, die die Marktvolatilität berücksichtigt und Ihren langfristigen finanziellen Bedarf unterstützt.

Zusammenfassend kann eine fehlende Anpassung an die Marktvolatilität zu erheblichen Risiken und Herausforderungen bei der Altersvorsorge führen. Durch die Umsetzung einer diversifizierten Anlagestrategie, die Beibehaltung einer angemessenen Vermögensaufteilung, die regelmäßige Neugewichtung Ihres Portfolios und die Entwicklung einer soliden Auszahlungsstrategie können Sie die Auswirkungen von Marktschwankungen besser bewältigen und Ihre Altersvorsorge schützen. Durch die richtige Berücksichtigung der Marktvolatilität wird sichergestellt, dass Ihre Anlagestrategie mit Ihren finanziellen Zielen übereinstimmt und einen sicheren und stabilen Ruhestand unterstützt.

# Teilzeitarbeit oder alternative Einkommensquellen nicht in Betracht ziehen

Wenn Sie Teilzeitarbeit oder alternative Einkommensquellen nicht in Betracht ziehen, kann dies Ihre finanzielle Flexibilität und Sicherheit im Ruhestand einschränken. Während sich traditionelle Altersvorsorgepläne oft auf Sparen und Investieren konzentrieren, kann die Einbeziehung zusätzlicher Einkommensquellen ein zusätzliches finanzielles Polster bieten, Ihren Lebensstandard verbessern und Ihnen mehr Flexibilität bei der Bewältigung unerwarteter Ausgaben bieten.

Teilzeitarbeit im Ruhestand kann eine wertvolle Möglichkeit sein, Ihr Einkommen aufzubessern und Sie motiviert zu halten. Viele Rentner finden, dass eine fortgesetzte Teilzeitarbeit, selbst in einer weniger anspruchsvollen oder anderen Rolle, sowohl finanzielle Vorteile als auch persönliche Zufriedenheit bringen kann. Sie bietet die Möglichkeit, aktiv, sozial und geistig engagiert zu bleiben, was sich positiv auf das allgemeine Wohlbefinden auswirken kann. Darüber hinaus kann Teilzeitarbeit den Übergang von der Vollzeitbeschäftigung in den Ruhestand erleichtern und Ihnen ermöglichen, ein Gefühl von Sinn und Struktur beizubehalten.

Alternative Einkommensquellen sind ein weiterer wichtiger Aspekt. Dazu können Mieteinnahmen aus Immobilien, Investitionen in dividendenzahlende Aktien oder Lizenzgebühren aus geistigem Eigentum wie Büchern oder Patenten gehören. Die Diversifizierung Ihrer Einkommensquellen kann dazu beitragen, die Abhängigkeit von einer einzigen Einnahmequelle zu verringern und Stabilität zu bieten, falls eine Quelle weniger zuverlässig wird. So können Mieteinnahmen beispielsweise einen konstanten Cashflow liefern und im Laufe der Zeit an Wert gewinnen, während Investitionen in dividendenzahlende

Aktien regelmäßiges Einkommen und Potenzial für eine Wertsteigerung bieten.

Wenn Sie das Potenzial für Teilzeitarbeit oder alternative Einkommensquellen ignorieren, kann dies zu einer weniger sicheren finanziellen Situation führen, insbesondere wenn Ihre primären Altersvorsorgeersparnisse nicht ausreichen, um Ihren gewünschten Lebensstil zu finanzieren. Indem Sie zusätzliche Einkommensoptionen in Betracht ziehen, können Sie Ihre finanzielle Sicherheit verbessern und das Risiko verringern, dass Ihre Ersparnisse nicht ausreichen. Es bietet auch einen Puffer gegen Konjunkturabschwünge oder unerwartete Ausgaben und trägt so dazu bei, Ihre finanzielle Stabilität und Ihren Seelenfrieden zu bewahren.

Die Bewertung von Teilzeitarbeitsplätzen oder alternativen Einkommensquellen erfordert eine sorgfältige Planung und Berücksichtigung Ihrer Fähigkeiten, Interessen und Verfügbarkeit. Identifizieren Sie Bereiche, in denen Sie Ihre vorhandenen Fähigkeiten nutzen oder neue Interessen erkunden können, die Einkommen generieren können. Wenn Sie beispielsweise über Fachwissen in einem bestimmten Bereich verfügen, könnten Sie eine Beratung oder freiberufliche Tätigkeit in Betracht ziehen. Wenn Sie Hobbys wie Basteln oder Schreiben mögen, könnten Sie nach Möglichkeiten suchen, diese Interessen zu monetarisieren.

Bedenken Sie außerdem die möglichen Auswirkungen von Teilzeitarbeit oder alternativem Einkommen auf Ihre gesamten Altersvorsorgepläne und Ihre Steuersituation. Teilzeitarbeit kann sich auf Ihre Steuerverbindlichkeiten und Altersvorsorgeleistungen auswirken. Daher ist es wichtig, diese Auswirkungen zu verstehen und entsprechend zu planen. Die Beratung durch einen Finanzberater kann Ihnen dabei helfen, diese Überlegungen zu berücksichtigen und Ihre Einkommensstrategie zu optimieren.

Die Einbeziehung von Teilzeitarbeit oder alternativen Einkommensquellen in Ihre Altersvorsorge kann zahlreiche Vorteile mit sich bringen, darunter eine größere finanzielle Flexibilität, mehr Sicherheit und persönliche Erfüllung. Indem Sie diese Optionen prüfen und umsetzen, können Sie Ihre finanzielle Stabilität verbessern und einen sichereren und angenehmeren Ruhestand genießen.

# Keine Kommunikation Ihrer Ruhestandspläne

Wenn Sie Ihre Ruhestandspläne nicht kommunizieren, kann dies zu Missverständnissen, falschen Erwartungen und unnötigen Komplikationen für Sie selbst und Ihre Angehörigen führen. Eine effektive Kommunikation über Ihre Ruhestandsziele, Ihre Finanzstrategie und Ihre Präferenzen ist entscheidend, um sicherzustellen, dass Ihr Ruhestand so reibungslos wie möglich verläuft und dass Ihre Absichten für diejenigen, die von Ihren Entscheidungen betroffen sein könnten, klar verständlich sind.

Ein großes Problem, wenn Sie Ihre Ruhestandspläne nicht besprechen, ist das Potenzial für Konflikte oder Verwirrung unter Familienmitgliedern. Der Ruhestand bringt oft Entscheidungen mit sich, die mehr als nur Ihre persönlichen Finanzen betreffen, darunter Aspekte wie Wohnsituation, Nachlassplanung und Pflege. Wenn diese Pläne nicht kommuniziert werden, können Familienmitglieder hinsichtlich ihrer Rollen, Verantwortlichkeiten oder Erwartungen im Unklaren bleiben. Dies kann zu Meinungsverschiedenheiten, Missverständnissen und angespannten Beziehungen führen, insbesondere wenn Entscheidungen in Eile oder unter stressigen Umständen getroffen werden müssen.

Eine weitere Folge schlechter Kommunikation ist das Risiko finanzieller Fehlabstimmungen. Ihre Ruhestandsstrategie kann komplexe finanzielle Vereinbarungen wie Investitionen, Spareinlagen oder Vermögensverteilungspläne beinhalten. Wenn Ihr Ehepartner oder Ihre Familienmitglieder nicht über diese Pläne informiert sind, verstehen sie Ihre finanziellen Entscheidungen möglicherweise nicht vollständig oder unterstützen sie nicht. Diese mangelnde Abstimmung kann zu finanzieller Misswirtschaft, verpassten Gelegenheiten oder unerwarteten Schwierigkeiten führen, beispielsweise wenn finanzielle Entscheidungen ohne Ihre Beteiligung getroffen werden.

Eine effektive Kommunikation über Ruhestandspläne hilft auch bei der Koordinierung von Pflege- und Unterstützungsvereinbarungen. Wenn Sie sich dem Ruhestand nähern, benötigen Sie möglicherweise Unterstützung bei Aufgaben, der Gesundheitsversorgung oder täglichen Aktivitäten. Wenn Ihre Pläne und Bedürfnisse nicht klar kommuniziert werden, kann es für Familienmitglieder schwierig sein, das entsprechende Maß an Unterstützung zu leisten. Eine klare Kommunikation stellt sicher, dass sich alle Beteiligten ihrer Verantwortung bewusst sind und Vorkehrungen treffen können, um Ihre Bedürfnisse effektiv zu erfüllen.

Darüber hinaus kann das Besprechen Ihrer Ruhestandspläne mit Familienmitgliedern und Angehörigen helfen, Erwartungen zu steuern und sie auf mögliche Änderungen vorzubereiten. Wenn Sie beispielsweise einen Umzug, eine Verkleinerung oder bedeutende Änderungen Ihres Lebensstils planen, können sich Ihre Angehörigen auf diese Änderungen einstellen und ihre Unterstützung anbieten, wenn Sie Ihre Familie im Voraus informieren. Außerdem haben Sie so die Möglichkeit, etwaige Bedenken oder Wünsche anzusprechen, was zu einem harmonischeren Übergang in den Ruhestand führt.

Um diese Probleme zu vermeiden, sollten Sie Ihre Ruhestandspläne klar und offen kommunizieren. Beginnen Sie damit, mit Ihrem Ehepartner oder Partner ausführlich über Ihre Ziele, Ihre Finanzstrategie und alle zu erwartenden Änderungen zu sprechen. Stellen Sie sicher, dass Sie beide hinsichtlich Ihrer Ruhestandsvision und Ihres Finanzmanagements einer Meinung sind.

Ziehen Sie auch in Erwägung, andere Familienmitglieder einzubeziehen, die von Ihren Ruhestandsentscheidungen betroffen sein könnten. Dazu könnte die Erörterung von Nachlassplanung, Vorkehrungen zur Gesundheitsfürsorge oder Änderungen der Lebenssituation mit Kindern oder anderen Verwandten gehören.

Wenn Sie ihnen Ihre Pläne klar vermitteln, können Sie Überraschungen vermeiden und Unterstützung und Ressourcen besser koordinieren.

Darüber hinaus kann es sinnvoll sein, Ihre Ruhestandspläne zu dokumentieren und sie Ihrer Familie zugänglich zu machen. Dazu gehört es, schriftliche Aufzeichnungen über Ihre finanziellen Vereinbarungen, Nachlasspläne und eventuelle spezifische Anweisungen zu führen. Wenn Sie diese Dokumente haben, stellen Sie sicher, dass Ihre Wünsche klar sind und bei Bedarf leicht nachgeschlagen werden können.

Es ist auch wichtig, Ihre Kommunikation regelmäßig zu aktualisieren, während sich Ihre Pläne weiterentwickeln. Lebensumstände und Ruhestandsziele können sich ändern, und wenn Sie Ihre Familie über diese Änderungen auf dem Laufenden halten, können Sie die Übereinstimmung und Vorbereitung aufrechterhalten. Regelmäßige Check-Ins und Updates stellen sicher, dass jeder informiert bleibt und seine Erwartungen oder Pläne entsprechend anpassen kann.

Zusammenfassend kann eine fehlende Kommunikation Ihrer Ruhestandspläne zu Missverständnissen, Fehlabstimmungen und Komplikationen sowohl für Sie als auch für Ihre Angehörigen führen. Indem Sie Ihre Ziele, Ihre Finanzstrategie und die erwarteten Änderungen offen besprechen, können Sie Konflikte vermeiden, eine bessere Koordinierung der Unterstützung sicherstellen und einen reibungsloseren Übergang in den Ruhestand schaffen. Eine klare und kontinuierliche Kommunikation ist der Schlüssel, um Erwartungen zu steuern und während Ihres Ruhestands positive Beziehungen aufzubauen.

# Abschluss

Der Ruhestand ist ein wichtiger Meilenstein, der sowohl ein Ende als auch einen Neuanfang darstellt. Es ist eine Zeit des Übergangs, die sorgfältige Planung und sorgfältige Überlegungen erfordert, um eine erfüllende und sichere Zukunft sicherzustellen. Die in diesem Buch erörterten Herausforderungen und Fallstricke unterstreichen die Bedeutung eines umfassenden und proaktiven Ansatzes bei der Ruhestandsplanung. Das Verstehen und Beheben dieser häufigen Fehler kann einen wesentlichen Unterschied für einen komfortablen und angenehmen Ruhestand ausmachen.

Eine der wichtigsten Erkenntnisse ist die Notwendigkeit einer umfassenden und proaktiven Planung. Die Ruhestandsplanung ist keine einmalige Aufgabe, sondern ein fortlaufender Prozess, der das Setzen realistischer Ziele, die regelmäßige Bewertung Ihrer finanziellen Situation und die Anpassung Ihrer Strategien nach Bedarf umfasst. Aufschub kann selbst die besten Pläne untergraben, was die Bedeutung eines frühen Beginns und der Beibehaltung der Dynamik während Ihrer gesamten Karriere unterstreicht. Durch einen proaktiven Ansatz können Sie die Fallstricke vermeiden, die Ausgaben zu unterschätzen, sich zu sehr auf unsichere Faktoren wie Erbschaften zu verlassen und die Marktvolatilität nicht zu berücksichtigen.

Ein weiterer wichtiger Aspekt ist die Notwendigkeit der Diversifizierung und des Risikomanagements. Wenn Sie sich zu stark auf eine einzige Einkommensquelle verlassen, seien es Investitionen, Sozialversicherung oder Erbschaft, kann dies zu finanzieller Instabilität führen. Die Diversifizierung Ihres Anlageportfolios und die Erschließung mehrerer Einkommensströme, wie z. B. Teilzeitarbeit oder alternative Investitionen, kann einen Puffer gegen unvorhergesehene Umstände bieten und Ihre finanzielle Sicherheit erhöhen. Es ist auch wichtig, sich an die Marktvolatilität anzupassen und Ihre Investitionen so zu verwalten, dass Risiko und Rendite im

Gleichgewicht sind, insbesondere wenn Sie sich dem Ruhestand nähern.

Effektive Kommunikation ist ein weiteres wichtiges Element einer erfolgreichen Ruhestandsplanung. Wenn Sie Ihre Ruhestandspläne nicht mit Ihren Familienmitgliedern besprechen, kann dies zu Missverständnissen und Konflikten führen, insbesondere bei finanziellen Entscheidungen, Pflegevereinbarungen und Nachlassplanung. Indem Sie Ihre Absichten klar kommunizieren und Ihre Angehörigen in den Planungsprozess einbeziehen, können Sie sicherstellen, dass alle auf dem gleichen Stand sind und dass Ihre Wünsche verstanden und respektiert werden.

Darüber hinaus ist es wichtig, die Rolle verschiedener Finanzprodukte wie Renten zu verstehen und sie angemessen in Ihre Ruhestandsstrategie zu integrieren. Renten können ein stabiles Einkommen bieten, sind aber mit einer Reihe von Komplexitäten und Kosten verbunden. Wenn Sie wissen, wie sie in Ihren Gesamtplan passen und welche Alternativen verfügbar sind, können Sie fundiertere Entscheidungen treffen und potenzielle Fallstricke vermeiden.

Gesundheitskosten und Langlebigkeit sind zwei weitere Faktoren, die sorgfältig bedacht werden müssen. Mit zunehmendem Alter können Gesundheitskosten zu einer erheblichen Belastung werden, und die Planung dieser Kosten ist entscheidend, auch wenn keine umfassende Versicherung besteht. Ebenso ist es für die Aufrechterhaltung der finanziellen Stabilität und Lebensqualität unerlässlich, die Langlebigkeit zu berücksichtigen und sicherzustellen, dass Ihre Altersvorsorge Ihr ganzes Leben lang reicht.

Zusammenfassend lässt sich sagen, dass die Vermeidung häufiger Fehler bei der Altersvorsorge einen ganzheitlichen Ansatz erfordert, der proaktive Planung, diversifizierte Investitionen, effektive Kommunikation und sorgfältige Prüfung von Finanzprodukten und -ausgaben umfasst. Indem Sie diese Bereiche sorgfältig angehen und bei Bedarf professionellen Rat einholen, können Sie eine

Altersvorsorgestrategie entwickeln, die nicht nur Ihren finanziellen Bedürfnissen entspricht, sondern auch Ihre allgemeine Lebensqualität verbessert. Der Ruhestand sollte eine Zeit sein, in der Sie die Früchte Ihrer Arbeit genießen, neue Möglichkeiten erkunden und eine erfüllende und lohnende Lebensphase beginnen. Mit sorgfältiger Planung und Überlegung können Sie einen Ruhestand erreichen, der Ihren Zielen und Bestrebungen entspricht und Ihnen Seelenfrieden und die Freiheit gibt, dieses neue Kapitel in vollen Zügen zu genießen.

www.ingramcontent.com/pod-product-compliance
Lightning Source LLC
Chambersburg PA
CBHW050310230526
45471CB00005B/2112